国家基本职业培训包(指南包 课程包)

婚姻家庭咨询师

人力资源社会保障部职业能力建设司编制

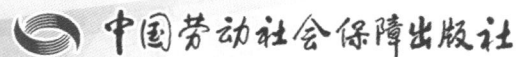

图书在版编目（CIP）数据

婚姻家庭咨询师 / 人力资源社会保障部职业能力建设司编制. -- 北京：中国劳动社会保障出版社，2022

国家基本职业培训包：指南包　课程包

ISBN 978-7-5167-5255-5

Ⅰ.①婚… Ⅱ.①人… Ⅲ.①婚姻–咨询服务–职业培训–教材②家庭–咨询服务–职业培训–教材 Ⅳ.①C913.1

中国版本图书馆 CIP 数据核字（2022）第 023637 号

中国劳动社会保障出版社出版发行

（北京市惠新东街 1 号　邮政编码：100029）

*

三河市华骏印务包装有限公司印刷装订　新华书店经销

880 毫米 × 1230 毫米　16 开本　6 印张　103 千字
2022 年 3 月第 1 版　2022 年 3 月第 1 次印刷
定价：19.00 元

读者服务部电话：（010）64929211/84209101/64921644
营销中心电话：（010）64962347
出版社网址：http://www.class.com.cn

版权专有　　侵权必究

如有印装差错，请与本社联系调换：（010）81211666
我社将与版权执法机关配合，大力打击盗印、销售和使用盗版图书活动，敬请广大读者协助举报，经查实将给予举报者奖励。
举报电话：（010）64954652

编 制 说 明

为全面贯彻落实习近平总书记对技能人才工作的重要指示精神，进一步增强职业技能培训针对性和有效性，不断提高培训质量，培养壮大创新型、应用型、技能型人才队伍，按照《人力资源社会保障部办公厅关于推进职业培训包工作的通知》（人社厅发〔2016〕162号）的工作安排，我部持续组织开发培训需求量大的国家基本职业培训包，指导开发地方（行业）特色职业培训包，力争全面建立国家基本职业培训包制度，普遍应用职业培训包高质量开展各类职业培训。

职业培训包开发工作是新时期职业培训领域的一项重要基础性工作，旨在形成以综合职业能力培养为核心、以技能水平评价为导向，实现职业培训全过程管理的职业技能培训体系，这对于进一步提高培训质量，加强职业培训规范化、科学化管理，促进职业培训与就业需求的有效衔接，推行终身职业培训制度具有积极的作用。

国家基本职业培训包由指南包、课程包和资源包三个子包构成，是集培养目标、培训要求、培训内容、课程规范、考核大纲、教学资源等为一体的职业培训资源总和，是职业培训机构对劳动者开展政府补贴职业培训服务的工作规范和指南。

国家基本职业培训包遵循《职业培训包开发技术规程（试行）》的要求，依据国家职业技能标准和企业岗位技术规范，结合新经济、新产业、新职业发

编制说明

展编制，力求客观反映现阶段本职业（工种）的技术水平、对从业人员的要求和职业培训教学规律。

《国家基本职业培训包（指南包　课程包）——婚姻家庭咨询师》是在各有关专家的共同努力下完成的。参加编写的主要人员有孙晓梅、刘文利、蔺秀云、魏开琼、李敏、王中会、侯典牧、但淑华、汪连新、王献蜜、张雯、黄大庆、黄晶、陈朋、郝彩虹、朱晓佳、周司丽、杜声红、孙婉璐、王小春、常蕾、郝桂香，参加审定的主要人员有甄砚、蒋月娥、李明舜、佟新、蒋永萍。在编制过程中得到了中国婚姻家庭研究会、中华女子学院等有关单位的大力支持，在此一并致谢。

人力资源社会保障部职业能力建设司

国家基本职业培训包编审委员会

主　任　刘　康
副主任　张　斌　王晓君　袁　芳　葛　玮
委　员　田　丰　项声闻　尚　涛　葛恒双
　　　　蔡　兵　赵　欢　吕红文

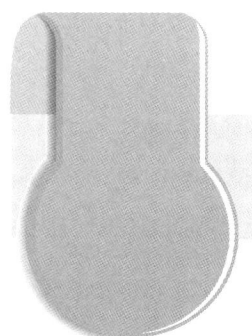

目录

1 指南包

1.1 职业培训包使用指南 ………………………………………………………002
- 1.1.1 职业培训包结构与内容 ……………………………………………002
- 1.1.2 培训课程体系介绍 …………………………………………………003
- 1.1.3 培训课程选择指导 …………………………………………………009

1.2 职业指南 …………………………………………………………………010
- 1.2.1 职业描述 ……………………………………………………………010
- 1.2.2 职业培训对象 ………………………………………………………010
- 1.2.3 就业前景 ……………………………………………………………010

1.3 培训机构设置指南 ………………………………………………………010
- 1.3.1 师资配备要求 ………………………………………………………010
- 1.3.2 培训场所设备配置要求 ……………………………………………011
- 1.3.3 教学资料配备要求 …………………………………………………011
- 1.3.4 管理人员配备要求 …………………………………………………011
- 1.3.5 管理制度要求 ………………………………………………………012

2 课程包

2.1 培训要求 …………………………………………………………………014
- 2.1.1 职业基本素质培训要求 ……………………………………………014
- 2.1.2 三级/高级职业技能培训要求 ……………………………………017
- 2.1.3 二级/技师职业技能培训要求 ……………………………………019
- 2.1.4 一级/高级技师职业技能培训要求 ………………………………021

目录

2.2 课程规范 ·· 024
2.2.1 职业基本素质培训课程规范 ·· 024
2.2.2 三级/高级职业技能培训课程规范 ·· 035
2.2.3 二级/技师职业技能培训课程规范 ·· 039
2.2.4 一级/高级技师职业技能培训课程规范 ·· 043
2.2.5 培训建议中培训方法说明 ·· 047

2.3 考核规范 ·· 049
2.3.1 职业基本素质培训考核规范 ·· 049
2.3.2 三级/高级职业技能培训理论知识考核规范 ·· 052
2.3.3 三级/高级职业技能培训操作技能考核规范 ·· 053
2.3.4 二级/技师职业技能培训理论知识考核规范 ·· 054
2.3.5 二级/技师职业技能培训操作技能考核规范 ·· 055
2.3.6 一级/高级技师职业技能培训理论知识考核规范 ·· 056
2.3.7 一级/高级技师职业技能培训操作技能考核规范 ·· 058

附录 培训要求与课程规范对照表

附录1 职业基本素质培训要求与课程规范对照表 ·· 060
附录2 三级/高级职业技能培训要求与课程规范对照表 ··· 071
附录3 二级/技师职业技能培训要求与课程规范对照表 ··· 075
附录4 一级/高级技师职业技能培训要求与课程规范对照表 ······································ 081

1 指南包

1.1 职业培训包使用指南

1.1.1 职业培训包结构与内容

婚姻家庭咨询师职业培训包由指南包、课程包、资源包三个子包构成，结构如图1所示。

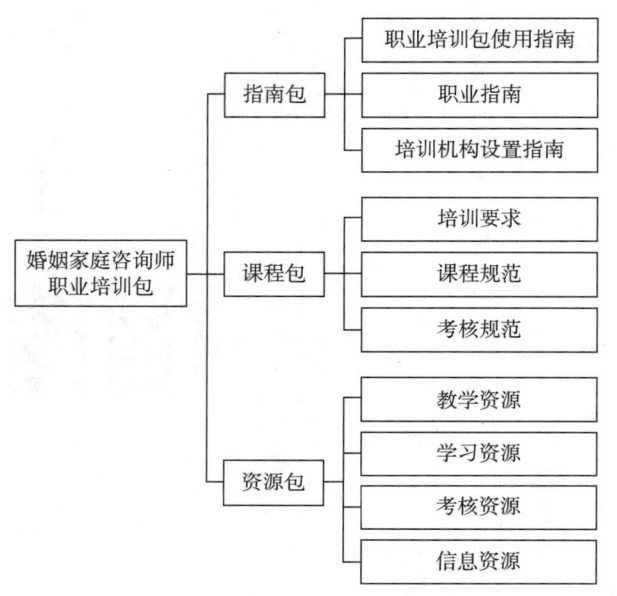

图 1 职业培训包结构图

指南包是指导培训机构、培训教师与学员开展职业培训的服务性内容总和，包括职业培训包使用指南、职业指南和培训机构设置指南。职业培训包使用指南是培训教师与学员了解职业培训包内容、选择培训课程、使用培训资源的说明性文本，职业指南是对职业信息的概述；培训机构设置指南是对培训机构开展职业培训提出的具体要求。

课程包是培训机构与教师实施职业培训、培训学员接受职业培训必须遵守的规范总和，包括培训要求、课程规范、考核规范。培训要求是参照国家职业技能标准、结合职业岗位工作实际需求制定的职业培训规范。课程规范是依据培训要求、结合职业培训教学规律，对课程设置、课堂学时、课程内容与培训方法等所做的统一规定。考核规范是针对课程规范中所规定的课程内容开发的，能够科学评价培训学员过程性学习效果与终结性培训成果的规则，是客观衡量培训学员职业基本素质与职业技能水平的标准，也是实施职业培训过程性与终结性考核的依据。

资源包是依据课程包要求，基于培训学员特征，遵循职业培训教学规律，应用先进职业培训课程理念开发的多媒介、多形式的职业培训与考核资源总和，包括教学资源、学习资源、考核资源和信息资源。教学资源是为培训教师组织实施职业培训教学活动提供的相关资源；学习资源是为培训学员学习职业培训课程提供的相关资源；考核资源是为培训机构和教师实施职业培训考核提供的相关资源；信息资源是为培训教师和学员拓展视野提供的体现科技进步、职业发展的相关动态资源。

1.1.2 培训课程体系介绍

婚姻家庭咨询师职业培训课程体系依据职业技能等级分为职业基本素质培训课程、三级/高级职业技能培训课程、二级/技师职业技能培训课程和一级/高级技师职业技能培训课程，每一类课程有模块、课程和学习单元三个层级。婚姻家庭咨询师职业培训课程体系源自本职业培训包课程包中的课程规范，以学习单元为基础，形成职业层次清晰、内容丰富的"培训课程超市"。

婚姻家庭咨询师职业培训课程学时分配一览表

职业技能等级	课堂学时		其他学时	培训总学时
	职业基本素质培训课程	职业技能培训课程		
三级/高级	90	130	180	400
二级/技师	40	180	80	300
一级/高级技师	20	110	70	200

注：课堂学时是指培训机构开展的理论课程教学及实操课程教学的建议最低学时数，其中，职业基本素质培训课程为理论知识培训课程，职业技能培训课程包含理论知识和操作技能培训课程。除课堂学时外，培训总学时还应包括岗位实习、现场观摩、自学自练等其他学时。

（1）职业基本素质培训课程

模块	课程	学习单元	课堂学时
1. 职业认知与职业道德	1-1 职业概述	职业认知	1
	1-2 职业道德与职业伦理	职业道德与职业伦理	1
	1-3 职业守则	职业守则	2
2. 婚姻家庭咨询价值理念	2-1 婚姻家庭概述	（1）婚姻家庭的历史演变	1
		（2）中国当代婚姻家庭的主流和问题	2

续表

模块	课程	学习单元	课堂学时
2. 婚姻家庭咨询价值理念	2-2 婚姻家庭价值观	(1) 婚姻家庭的伦理基础与婚姻家庭伦理的变化	2
		(2) 新时代婚姻家庭观与家庭家教家风建设	1
	2-3 性别平等理念	(1) 婚姻家庭与性别平等	1
		(2) 男女平等基本国策的贯彻落实	1
	2-4 婚姻家庭政策	(1) 婚姻家庭制度与家庭政策	1
		(2) 当代中国婚姻家庭政策	2
		(3) 婚姻家庭政策与性别平等	1
3. 家庭社会学知识	3-1 家庭与社会	(1) 家庭社会学的内涵	1
		(2) 家庭社会学的主要理论	1
	3-2 家庭内涵	(1) 家庭的概念	1
		(2) 家庭结构和功能	1
	3-3 家庭过程	(1) 婚姻选择与缔结	1
		(2) 婚姻的调适	1
	3-4 家庭纽带	(1) 家庭的复杂性	1
		(2) 亲密关系与亲属关系	1
	3-5 家庭危机与应对	(1) 婚姻危机	1
		(2) 家庭暴力与离婚	1
4. 婚姻家庭心理学知识	4-1 爱情心理	(1) 人际吸引与爱情的内涵	1
		(2) 亲密关系的类型	1
	4-2 婚姻心理	(1) 婚姻类型及其形式	1
		(2) 离婚、再婚、丧偶	2
	4-3 家庭心理	(1) 家庭生命周期与家庭角色	1
		(2) 家庭角色期待与冲突	1
		(3) 教养心理学	2
		(4) 孝养心理学	1
5. 家庭教育知识	5-1 家庭教育基本理念	家庭教育与父母责任	2
	5-2 家庭教育的需求和影响因素	(1) 当代家庭教育的特点和需求	2
		(2) 影响家庭教育的因素	1
	5-3 不同阶段儿童家庭教育内容和方法	(1) 0~6岁儿童家庭教育指导	1
		(2) 7~12岁儿童家庭教育指导	1
		(3) 13~18岁儿童家庭教育指导	1

续表

模块	课程	学习单元	课堂学时
6.婚姻家庭中的性学知识	6-1 生殖健康与性教育	生殖健康与性教育的重要性	1
	6-2 性学基础知识	生殖系统的解剖和生理、性卫生保健	1
	6-3 性行为与性生活和谐	性行为与两性性生活	2
	6-4 怀孕、避孕与不孕不育	怀孕、避孕与不孕不育	1
	6-5 婚姻与家庭性教育	(1) 婚姻与家庭性教育原则和方法	2
		(2) 不同年龄阶段的性教育内容与话题	2
		(3) 性教育与夫妻性话题	1
7.婚姻家庭经济学知识	7-1 生命周期与家庭经济	不同家庭生命周期的经济状况与特点	1
	7-2 家庭消费	家庭理性消费	1
	7-3 家庭理财	家庭科学理财	1
	7-4 家庭财富管理	家庭财富管理的认知与技能	1
8.家庭社会工作知识	8-1 家庭社会工作基础知识	家庭社会工作基础知识	1
	8-2 家庭社会工作的理论视野	家庭社会工作的常用理论	2
	8-3 家庭社会工作的方法和工具	(1) 家庭社会工作的方法	2
		(2) 家庭社会工作实务的常用工具	2
	8-4 社会变迁对家庭的影响	社会变迁对家庭的影响和当代婚姻家庭问题	1
9.婚姻家庭咨询知识	9-1 婚姻家庭咨询的演变与基本概念	婚姻家庭咨询的内涵	2
	9-2 婚姻家庭咨询的基本设置	(1) 初次会谈和基本流程	1
		(2) 婚姻家庭咨询评估、伦理和素养	1
	9-3 婚姻家庭咨询的经典流派	(1) 婚姻家庭咨询经典流派的代表人物、理论要素	2
		(2) 优势视角和家庭动力	2
	9-4 婚姻家庭咨询的最新进展	焦点解决与叙事疗法	2

续表

模块	课程	学习单元	课堂学时
10．婚姻家庭法律知识	10-1 《中华人民共和国民法典·总则编》相关知识	监护制度	1
	10-2 《中华人民共和国民法典·婚姻家庭编》相关知识	（1）结婚	1
		（2）家庭关系	3
		（3）离婚	2
	10-3 《中华人民共和国民法典·继承编》相关知识	（1）继承的一般规定	1
		（2）法定继承	1
		（3）遗嘱继承和遗赠	1
	10-4 《中华人民共和国刑法》相关知识	与婚姻家庭有关的刑事犯罪	2
	10-5 其他与婚姻家庭相关的法律	与婚姻家庭相关的其他法律规定	2
课堂学时合计			90

注：本表所列为三级／高级职业基本素质培训课程，其他等级职业基本素质培训课程按"婚姻家庭咨询师职业培训课程学时分配一览表"中相应的课堂学时进行必要的调整。

（2）三级／高级职业技能培训课程

模块	课程	学习单元	课堂学时
1．恋爱择偶咨询	1-1 恋爱观咨询	（1）认识自我与社会性别	5
		（2）了解婚恋观念的类型	5
	1-2 恋爱关系咨询	（1）理解恋爱关系的类型	5
		（2）学习建立和发展稳定的恋爱关系	10
	1-3 婚前咨询	为良好的婚姻生活做准备	5
2．夫妻关系咨询	2-1 夫妻关系调适	（1）夫妻关系问题初步诊断	6
		（2）家庭生命周期不同阶段的夫妻关系特点	10
	2-2 工作与家庭的平衡	（1）指导建立良好工作和家庭平衡的方法	4
		（2）家务劳动分工	4
	2-3 夫妻关系问题咨询	（1）反对任何形式的家庭暴力	10
		（2）婚内情感变化	16

续表

模块	课程	学习单元	课堂学时
3．亲子关系咨询	3-1 家庭教育咨询	（1）教子责任	4
		（2）亲子关系的类型	8
		（3）儿童发展阶段	8
		（4）独生女子与子女出生顺序的养育问题	2
	3-2 青春期亲子关系咨询	（1）青春期亲子关系	8
		（2）青春期常见亲子关系问题	8
	3-3 亲子沟通问题咨询	（1）自主学习能力的培养	4
		（2）理解亲子关系中的陪伴	2
		（3）夫妻关系与亲子关系的相互影响	2
4．其他家庭成员的关系咨询	4-1 姻亲关系咨询	亲属关系网络	2
	4-2 祖孙关系咨询	祖孙关系的代际联系	2
课堂学时合计			130

（3）二级/技师职业技能培训课程

模块	课程	学习单元	课堂学时
1．恋爱择偶咨询	1-1 恋爱咨询	（1）亲密关系的自我认知	8
		（2）亲密关系的冲突与暴力	8
		（3）面对爱情中的挫折	8
		（4）婚前辅导课程的设计与实施	8
	1-2 再婚择偶咨询	再婚择偶辅导	8
2．夫妻关系咨询	2-1 生育咨询	（1）生育焦虑	4
		（2）生育后家庭角色的变化与调适	4
	2-2 夫妻家庭关系调适	（1）家庭关系理论流派	8
		（2）夫妻关系冲突与调适	8
		（3）处理工作-家庭的角色冲突	4
		（4）空巢问题与调适技术	4
	2-3 婚姻变故咨询	（1）婚变类型与原因分析	12
		（2）预防与挽救婚姻关系的方法	12
3．亲子关系咨询	3-1 家庭教育咨询	（1）教养行为与儿童发展	4
		（2）影响父母教养方式的因素与干预	8

续表

模块	课程	学习单元	课堂学时
3．亲子关系咨询	3-2 亲子沟通咨询	（1）建立良好的亲子沟通	8
		（2）个性化亲子沟通解决方案	8
		（3）常见亲子关系问题咨询与干预	8
4．家庭危机咨询	4-1 识别家庭危机	与家庭危机相关的概念与分类	4
	4-2 家庭危机干预基本模型与方法	危机干预的主要模型	8
	4-3 家庭危机干预实务	（1）对因产后抑郁及产后家庭冲突升级导致的家庭危机进行干预	8
		（2）对孩子厌学的家庭的干预	8
5．培训与指导	5-1 培训	（1）婚姻家庭咨询、培训、督导中常见的伦理问题	4
		（2）婚姻家庭咨询测评中常见的伦理问题	2
		（3）确定婚姻家庭咨询的重点及技巧	4
		（4）咨询师的角色	2
	5-2 指导	（1）婚姻家庭咨询计划与方案的内容和制定	4
		（2）三级/高级婚姻家庭咨询师在工作中的问题与专业指导	4
课堂学时合计			180

（4）一级/高级技师职业技能培训课程

模块	课程	学习单元	课堂学时
1．恋爱择偶咨询	评估求助者的认知	了解自我	5
2．夫妻关系咨询	2-1 婚姻问题咨询	（1）婚外情问题咨询理论与技术	6
		（2）性欲障碍及其调适方法	6
		（3）人格障碍与婚姻关系调适方法	6
		（4）抑郁症家庭的关系调适与康复	4
	2-2 离婚后心理咨询	离婚后调适	4
	2-3 再婚关系咨询	再婚家庭关系处理	4
	2-4 婚姻家庭问题咨询与辅导方法	（1）婚姻家庭问题个案工作法	4
		（2）婚姻问题团体辅导的方法	8
		（3）家庭治疗的基本理论与方法	4

续表

模块	课程	学习单元	课堂学时
3. 家庭危机咨询与干预	3-1 危机的类型评估	与危机相关的概念辨析	1
	3-2 家庭危机评估	（1）家庭危机评估	2
		（2）家庭危机干预效果评估	1
	3-3 与生命事件相关的家庭咨询	（1）对存在致死危机的家庭进行干预	6
		（2）对存在成员突然死亡的家庭进行干预	6
		（3）对存在伴侣暴力的家庭进行干预	6
		（4）对存在儿童性虐待的家庭进行干预	6
		（5）对罪犯家庭进行干预	6
4. 培训与指导	4-1 培训	（1）文化与价值观冲突与职业伦理	2
		（2）网络咨询的原则	4
		（3）系统式、结构式婚姻家庭咨询的技术	8
		（4）精神分析、策略、经验式婚姻家庭咨询理论与方法	8
		（5）婚姻家庭咨询与中国文化的整合	1
	4-2 指导	（1）婚姻家庭咨询师的个体、团体成长	1
		（2）个体督导和团体督导	1
课堂学时合计			110

1.1.3 培训课程选择指导

职业基本素质培训课程为必修课程，相当于本职业的入门课程。各级别职业技能培训课程由培训机构教师根据培训学员实际情况，遵循高级别涵盖低级别的原则进行选择。

原则上，初入职的培训学员应学习职业基本素质培训课程和三级/高级职业技能培训课程的全部内容。有职业技能等级提升需求的培训学员，可按照国家职业技能标准的"鉴定要求"，对照自身需求选择更高等级的培训课程。

具有一定从业经验、无职业技能等级晋升要求的培训学员，可根据自身实际情况自主选择本职业培训课程体系。具体方法为：（1）选择课程模块；（2）在模块中筛选课程；（3）在课程中筛选学习单元；（4）组合成本次培训的课程内容。

培训教师可以根据以上方法对培训学员进行单独指导。对于订单培训，培训教师可以按照如上方法，对照订单要求进行培训课程的选择。

1.2 职业指南

1.2.1 职业描述

婚姻家庭咨询师是为在恋爱、婚姻、家庭生活中遇到各种问题的求助者提供咨询服务的人员。

1.2.2 职业培训对象

婚姻家庭咨询师职业培训对象主要包括：在国家机关、企事业单位、人民团体或社会组织从事婚姻家庭咨询工作的人员，以及有意愿从事婚姻家庭咨询工作的人员。

1.2.3 就业前景

婚姻家庭咨询师的就业方向包括：（1）婚姻家庭咨询中心、婚姻律师事务所、婚姻家庭社会工作机构、婚姻介绍服务机构等；（2）各级妇联、工会、民政、卫健、教育部门的婚姻家庭服务中心，妇女维权机构等；（3）家庭教育咨询机构、儿童辅导培训机构、青少年活动中心等；（4）社区服务中心、家政服务机构、家庭保健服务机构等；（5）各地情感热线、心理咨询中心等；（6）各类媒体婚恋栏目撰稿人、辅导专家等。

1.3 培训机构设置指南

1.3.1 师资配备要求

（1）培训教师任职基本条件

1）培训三级/高级婚姻家庭咨询师的教师应具有相关专业*中级及以上专业技术

---

* 相关专业是指社会学、法学、伦理学、心理学、教育学、女性学、性医学、社会工作、思想政治教育等。

职务任职资格，或取得二级婚姻家庭咨询师职业资格证书满 2 年并具有 2 年以上婚姻家庭咨询实践经验。

2）培训二级 / 技师婚姻家庭咨询师的教师应具有相关专业副高级及以上专业技术职务任职资格，或取得一级婚姻家庭咨询师职业资格证书满 3 年并具有 3 年以上婚姻家庭咨询实践经验。

3）培训一级 / 高级技师婚姻家庭咨询师的教师应具有相关专业正高级专业技术职务任职资格，或取得一级婚姻家庭咨询师职业资格证书满 5 年并具有 5 年以上婚姻家庭咨询实践经验。

（2）培训教师数量要求（以 20 人培训班为基准）

1 人以上，培训规模超过 20 人的，按教师与学员之比不低于 1∶20 配备教师。

1.3.2 培训场所设备配置要求

培训场所设备配置要求如下（以 20 人培训班为基准）。

（1）理论知识培训场所设备配置要求

60 平方米以上标准教室，多媒体教学设备（计算机、投影仪、幕布或显示屏、网络接入设备、音响设备）、黑板、20 套以上桌椅，符合照明、通风、安全等相关规定。

（2）操作技能培训场所设备配置要求

配备单向玻璃及录音、录像等设备的咨询示范教室。实习工位充足，设备设施配套齐全，符合生态环境、劳保、安全、卫生、消防、通风和照明等相关规定及安全规程，具备教师演示和学员练习功能。

1.3.3 教学资料配备要求

（1）培训规范：《婚姻家庭咨询师国家职业标准》《婚姻家庭咨询师职业基本素质培训要求》《婚姻家庭咨询师职业技能培训要求》《婚姻家庭咨询师职业基本素质培训课程规范》《婚姻家庭咨询师职业技能培训课程规范》《婚姻家庭咨询师基本素质培训考核规范》《婚姻家庭咨询师职业技能培训理论知识考核规范》《婚姻家庭咨询师职业技能培训操作技能考核规范》。

（2）教学资源、教材教辅、网络资源等内容必须符合"（1）培训规范"。

1.3.4 管理人员配备要求

（1）专职校长：1 人，应具有大专及以上文化程度、中级及以上专业技术职务任职资格，从事职业技术教育及教学管理5年以上，熟悉职业培训的有关法律法规。

（2）教学管理人员：1人以上，专职不少于1人；应具有大专及以上文化程度、中级及以上专业技术职务任职资格，从事职业技术教育及教学管理5年以上，具有丰富的教学管理经验。

（3）教务管理人员：1人以上，应具有大专及以上文化程度。

（4）财务人员：2人，应具有大专及以上文化程度、财会人员从业资格证书。

1.3.5　管理制度要求

培训机构应建立健全完备的管理制度，包括办学章程与发展规划、教学管理、教师管理、学员管理、财务管理、设备管理、安全管理等制度。

2 课程包

2.1 培训要求

2.1.1 职业基本素质培训要求

职业基本素质模块	培训内容		培训细目
1. 职业认知与职业道德	1-1	职业概述	(1) 婚姻家庭咨询行业简介 (2) 婚姻家庭咨询师工作内容
	1-2	职业道德与职业伦理	(1) 公民道德规范 (2) 职业道德 (3) 职业伦理
	1-3	职业守则	职业守则
2. 婚姻家庭咨询价值理念	2-1	婚姻家庭概述	(1) 婚姻家庭的演变 (2) 中国当代婚姻家庭状况
	2-2	婚姻家庭价值观	(1) 婚姻家庭伦理 (2) 家庭伦理原则及其变化 (3) 新时代婚姻家庭观 (4) 家庭家教家风建设与社会治理
	2-3	性别平等理念	(1) 马克思主义妇女观 (2) 家庭对性别平等的影响 (3) 男女平等基本国策及要求
	2-4	婚姻家庭政策	(1) 婚姻家庭制度与家庭政策 (2) 当代中国婚姻家庭政策的发展与完善 (3) 婚姻家庭政策的性别视角 (4) 婚姻家庭政策对性别平等的影响
3. 家庭社会学知识	3-1	家庭与社会	(1) 家庭社会学核心概念 (2) 家庭社会学理论基础
	3-2	家庭内涵	(1) 家庭的定义 (2) 家庭结构和功能
	3-3	家庭过程	(1) 婚姻缔结 (2) 婚姻调适
	3-4	家庭纽带	(1) 家庭关系特点 (2) 家庭关系分类
	3-5	家庭危机与应对	(1) 婚姻危机与应对 (2) 家庭暴力与离婚

续表

职业基本素质模块	培训内容	培训细目
4．婚姻家庭心理学知识	4-1 爱情心理	(1) 爱情的内涵 (2) 亲密关系
	4-2 婚姻心理	(1) 婚姻内涵与类型 (2) 离婚再婚丧偶
	4-3 家庭心理	(1) 家庭角色内涵 (2) 家庭角色期待与冲突 (3) 教养心理的内涵和常见问题 (4) 孝养心理的内涵和变化
5．家庭教育知识	5-1 家庭教育基本理念	(1) 家庭教育的概念和特点 (2) 家庭父母责任与角色
	5-2 家庭教育的需求和影响因素	(1) 影响当代家庭的需求 (2) 家庭教育的影响因素 (3) 家庭教育指导的社会背景
	5-3 不同阶段儿童家庭教育内容和方法	(1) 不同阶段家庭教育的内容 (2) 不同阶段家庭教育的应对策略
6．婚姻家庭中的性学知识	6-1 生殖健康与性教育	生殖健康与性教育概述
	6-2 性学基础知识	(1) 女性与男性的生殖系统解剖和生理 (2) 女性与男性的性卫生保健
	6-3 性行为与性生活和谐	(1) 性行为与性反应 (2) 性生活和谐
	6-4 怀孕、避孕与不孕不育	(1) 怀孕 (2) 避孕 (3) 不孕不育
	6-5 婚姻与家庭性教育	(1) 婚姻与家庭性教育原则 (2) 婚姻与家庭性教育方法 (3) 不同阶段的儿童性教育内容 (4) 不同阶段的儿童性教育的话题 (5) 性教育与夫妻性话题
7．婚姻家庭经济学知识	7-1 生命周期与家庭经济	(1) 不同阶段家庭经济状况 (2) 夫妻劳动与收入模式与影响
	7-2 家庭消费	(1) 家庭理性消费理念与行为 (2) 家庭生命周期消费特征
	7-3 家庭理财	(1) 科学理财理念与原则 (2) 理财规划内容
	7-4 家庭财富管理	(1) 家庭信用管理 (2) 家庭税收筹划 (3) 风险管理与保险规划 (4) 婚姻与财富保全

续表

职业基本素质模块	培训内容	培训细目
8. 家庭社会工作知识	8-1 家庭社会工作基础知识	(1) 家庭社会工作的含义 (2) 家庭社会工作的内容、理念和原则 (3) 国内外家庭社会工作发展概况
	8-2 家庭社会工作的理论视野	(1) 家庭发展理论和生态系统取向的家庭社会工作 (2) 家庭压力与危机应对理论
	8-3 家庭社会工作的方法和工具	(1) 综融取向的工作方法 (2) 家庭社会工作实务常用的评估工具 (3) 家庭社会工作实务常用的干预工具
	8-4 社会变迁对家庭的影响	(1) 社会变迁对家庭结构的影响 (2) 社会变迁对家庭观念与家庭关系的影响
9. 婚姻家庭咨询知识	9-1 婚姻家庭咨询的演变与基本概念	(1) 婚姻家庭咨询的演变 (2) 婚姻家庭咨询的基本概念
	9-2 婚姻家庭咨询的基本设置	(1) 婚姻家庭咨询的初次会谈 (2) 婚姻家庭咨询的流程 (3) 婚姻家庭咨询的评估 (4) 婚姻家庭咨询的伦理 (5) 婚姻家庭咨询师的素养
	9-3 婚姻家庭咨询的经典流派	(1) 经典流派的代表人物和理论要素 (2) 婚姻家庭咨询经典流派的家庭动力
	9-4 婚姻家庭咨询的最新进展	(1) 婚姻家庭咨询的最新理论介绍 (2) 焦点解决与叙事疗法
10. 婚姻家庭法律知识	10-1 《中华人民共和国民法典·总则编》相关知识	(1) 监护人的确定 (2) 监护人的职责 (3) 监护的撤销与恢复
	10-2 《中华人民共和国民法典·婚姻家庭编》相关知识	(1) 结婚的条件与程序 (2) 无效婚姻与可撤销婚姻 (3) 夫妻关系 (4) 父母子女关系与其他家庭成员关系 (5) 离婚程序 (6) 离婚的法律后果
	10-3 《中华人民共和国民法典·继承编》相关知识	(1) 继承的一般规定 (2) 法定继承 (3) 遗嘱 (4) 遗嘱继承和遗赠
	10-4 《中华人民共和国刑法》相关知识	(1) 侵犯公民人身权利、民主权利罪 (2) 侵犯家庭成员财产罪

续表

职业基本素质模块	培训内容	培训细目
10. 婚姻家庭法律知识	10-5 其他与婚姻家庭相关的法律	(1)《中华人民共和国人口与计划生育法》 (2)《中华人民共和国未成年人保护法》 (3)《中华人民共和国妇女权益保障法》 (4)《中华人民共和国老年人权益保障法》 (5)《中华人民共和国母婴保健法》 (6)《中华人民共和国残疾人保障法》

2.1.2 三级/高级职业技能培训要求

职业功能模块	培训内容	技能目标	培训细目
1. 恋爱择偶咨询	1-1 恋爱观咨询	1-1-1 能认识自我	(1) 了解和评估求助者的自我和性格特点 (2) 帮助求助者分析择偶中的性别期望
		1-1-2 能进行择偶匹配	(1) 帮助求助者了解婚恋观念 (2) 与求助者讨论相匹配的择偶建议
	1-2 恋爱关系咨询	1-2-1 能了解恋爱关系	(1) 恋爱关系评估 (2) 恋爱中的自我表达与沟通
		1-2-2 能解决恋爱中遇到的难题	(1) 拒绝与分手 (2) 恋爱纠纷 (3) 婚前暴力 (4) 同居
	1-3 婚前咨询	能指导婚前准备	(1) 辅导求助者进行未来生活计划 (2) 辅导求助者进行生育计划 (3) 辅导求助者进行婚前财产管理
2. 夫妻关系咨询	2-1 夫妻关系调适	2-1-1 能了解夫妻关系,并帮助求助者建立包容和支持型的夫妻关系	(1) 对求助者的夫妻关系进行评估 (2) 夫妻关系的类型 (3) 建立良好夫妻关系的原则
		2-1-2 能通过学习家庭生活周期理论,掌握不同阶段的夫妻关系特点	(1) 家庭生命周期的概念 (2) 依据家庭生命周期的不同阶段特点调适夫妻关系
	2-2 工作与家庭的平衡	2-2-1 能协调工作与家庭的关系	(1) 处理好夫妻之间工作和家庭的关系 (2) 指导夫妻对休闲和运动时间的合理安排

续表

职业功能模块	培训内容	技能目标	培训细目
2. 夫妻关系咨询	2-2 工作与家庭的平衡	2-2-2 能指导夫妻对家务劳动的合理分工	(1) 指导夫妻进行短期和长期规划 (2) 指导夫妻处理好照顾老人与孩子的关系
	2-3 夫妻关系问题咨询	2-3-1 能进行家庭暴力咨询	(1) 对家庭暴力进行评估 (2) 寻找家庭暴力产生的原因 (3) 制止家庭暴力的方法
		2-3-2 能进行婚外恋咨询	(1) 婚内夫妻情感评估 (2) 寻找婚外恋产生的原因 (3) 离婚
3. 亲子关系咨询	3-1 家庭教育咨询	3-1-1 能掌握家风与家长责任	(1) 家风 (2) 家风与家庭的社会化功能
		3-1-2 能评估求助者亲子关系问题	(1) 亲子关系的类型 (2) 亲子关系评估 (3) 亲子关系类型对子女发展的影响
		3-1-3 能掌握儿童发展阶段与学习内驱力	(1) 儿童发展阶段的概念与理论 (2) 有利于亲子关系良性发展的教育方式 (3) 阻碍亲子关系良性发展的教育方式
		3-1-4 能进行二孩养育的咨询	(1) 独生子女的问题 (2) 多子女家庭的类型 (3) 多子女家庭常见问题
	3-2 青春期亲子关系咨询	3-2-1 能掌握青春期亲子关系的基本特点	(1) 青春期的基本知识 (2) 亲子沟通与信任
		3-2-2 能评估青春期青少年的问题	(1) 青春期常见的亲子问题 (2) 理解代际间权力关系 (3) 代际间沟通技巧
	3-3 亲子沟通问题咨询	3-3-1 能进行有关孩子学习问题的咨询	(1) 评估求助者对子女学习问题的归因 (2) 自主学习能力的培养
		3-3-2 能进行有关游戏/手机依赖的咨询	(1) 评估孩子游戏/手机依赖的原因 (2) 计划亲子共处时间 (3) 自控力的培养

续表

职业功能模块	培训内容	技能目标	培训细目
3.亲子关系咨询	3-3 亲子沟通问题咨询	3-3-3 能进行夫妻关系紧张、离婚与亲子关系咨询	（1）夫妻关系紧张/离婚产生的亲子问题 （2）单亲家庭的亲子关系建设
4.其他家庭成员的关系咨询	4-1 姻亲关系咨询	能进行姻亲关系咨询	（1）对求助者婆媳关系、翁婿关系中的情感冲突、经济纠纷、权力分配等问题进行评估 （2）对求助者的婆媳关系、翁婿关系进行调解和干预
	4-2 祖孙关系咨询	能协助祖孙关系的代际间互动	（1）理解主干家庭模式 （2）隔代抚育问题 （3）赡养问题

2.1.3 二级/技师职业技能培训要求

职业功能模块	培训内容	技能目标	培训细目
1.恋爱择偶咨询	1-1 恋爱咨询	1-1-1 能解决恋爱中的自我认知	（1）自我认知的心理学理论 （2）自我认知的社会学理论 （3）恋爱互动实践
		1-1-2 能处理恋爱中的矛盾与冲突	（1）恋爱中的沟通 （2）恋爱中增进沟通的技巧 （3）处理恋爱矛盾与冲突的技巧
		1-1-3 能处理恋爱中的挫折问题	（1）失恋的调适 （2）恐婚的应对
		1-1-4 能进行婚前辅导	（1）婚前辅导的方案设计 （2）婚前辅导的方案实施
	1-2 再婚择偶咨询	能解决再婚择偶的心理问题	（1）再婚择偶的心理障碍 （2）消除再婚心理障碍的方法
2.夫妻关系咨询	2-1 生育咨询	2-1-1 能了解生育焦虑，并给予针对性指导	（1）生育焦虑者的类型 （2）指导生育焦虑者的技巧
		2-1-2 能进行夫妻生育后的角色变化与辅导	（1）理解生育后夫妻角色的变化 （2）指导生育后夫妻关系的调适
	2-2 夫妻家庭关系调适	2-2-1 能掌握家庭关系的系统理论，洞察夫妻关系问题渊源	（1）掌握家庭关系系统理论 （2）用家庭关系系统理论分析夫妻关系问题
		2-2-2 能分析夫妻关系冲突原因并进行辅导	（1）分析夫妻关系冲突的原因 （2）对夫妻关系冲突进行咨询辅导

续表

职业功能模块	培训内容	技能目标	培训细目
2. 夫妻关系咨询	2-2 夫妻家庭关系调适	2-2-3 能指导夫妻处理压力与紧张	(1) 有效指导夫妻处理压力与紧张 (2) 区分工作-家庭冲突类型和辅导
		2-2-4 能了解空巢家庭面临的问题并进行辅导	(1) 空巢夫妻的类型 (2) 空巢夫妻进行心理行为调适
	2-3 婚姻变故咨询	2-3-1 能分析婚变的类型与原因	(1) 觉察求助者婚姻关系破裂过程 (2) 对婚姻关系破裂原因进行具体分析
		2-3-2 能指导求助者预防与挽救婚姻关系	(1) 对预防婚姻破裂进行指导 (2) 对关系濒临破裂的夫妻进行指导
3. 亲子关系咨询	3-1 家庭教育咨询	3-1-1 能分析教养行为模式与儿童发展状况的关系	(1) 识别不同教养行为类型 (2) 掌握教养方式差异对儿童发展的影响
		3-1-2 能与求助者深入探索父母的教养方式的渊源，寻找干预方法	(1) 探索父母对子女发展的影响 (2) 应用访谈技术深入探索父母原生家庭的影响 (3) 对父母不良教养行为的策略性干预
	3-2 亲子沟通咨询	3-2-1 能辨识求助者亲子沟通的类型	(1) 亲子沟通的类型与存在的问题 (2) 沟通技巧的应用
		3-2-2 能帮助求助者制定亲子沟通的解决方案并实施	(1) 制定亲子沟通的解决方案 (2) 对亲子沟通解决方案实施效果的评估
		3-2-3 能进行常见亲子关系问题的咨询与干预	(1) 系统式家庭咨询的工作方法 (2) 常见的几种亲子关系问题的家庭咨询方法
4. 家庭危机咨询	4-1 识别家庭危机	能识别家庭危机	(1) 识别危机 (2) 区分危机干预与一般咨询
	4-2 家庭危机干预基本模型与方法	能整合运用危机干预的主要模型	(1) 危机干预的不同模型 (2) 整合运用各个模型
	4-3 家庭危机干预实务	4-3-1 能对因产后抑郁及产后家庭冲突升级导致的危机干预	(1) 识别产后抑郁及产后家庭关系变化 (2) 掌握因产后抑郁及产后家庭冲突升级导致危机的干预模型与方法

续表

职业功能模块	培训内容	技能目标	培训细目
4. 家庭危机咨询	4-3 家庭危机干预实务	4-3-2 能对孩子厌学问题进行家庭干预	(1) 厌学分类及影响因素 (2) 干预孩子厌学家庭的模型与方法
5. 培训与指导	5-1 培训	5-1-1 能正确处理婚姻家庭咨询、培训、督导、研究中的伦理问题	(1) 处理婚姻家庭咨询中的伦理问题 (2) 处理婚姻家庭咨询培训和督导中的伦理问题 (3) 正确处理婚姻家庭咨询测评中的伦理问题
		5-1-2 能熟练掌握婚姻家庭咨询的基本流程和基本技能	(1) 会谈前做好充分准备 (2) 具有评估求助者咨询婚姻家庭问题的重点内容 (3) 基本的咨询技巧 (4) 咨询结束后的总结与评估
		5-1-3 能承担婚姻家庭咨询师的角色和任务	(1) 成为沟通者 (2) 成为催化者 (3) 成为帮助者
	5-2 指导	5-2-1 能指导三级/高级婚姻家庭咨询师制定咨询计划与方案	(1) 帮助三级/高级婚姻家庭咨询师掌握婚姻家庭咨询计划的制定方法 (2) 帮助三级/高级婚姻家庭咨询师掌握婚姻家庭咨询方案的制定方法
		5-2-2 能对三级/高级婚姻家庭咨询师进行专业指导	(1) 了解三级/高级婚姻家庭咨询师在工作中容易出现的问题 (2) 对三级/高级婚姻家庭咨询师进行专业指导

2.1.4 一级/高级技师职业技能培训要求

职业功能模块	培训内容	技能目标	培训细目
1. 恋爱择偶咨询	评估求助者的认知	能评估求助者的认知问题	(1) 自我认同 (2) 关系中的自我认知障碍
2. 夫妻关系咨询	2-1 婚姻问题咨询	2-1-1 能进行婚外情问题咨询	(1) 评估夫妻关系 (2) 指导夫妻关系调适 (3) 婚外情的心理因素分析
		2-1-2 能进行夫妻性关系咨询	(1) 评估夫妻性关系问题 (2) 能够指导性欲障碍者的心理调适

续表

职业功能模块	培训内容	技能目标	培训细目
2. 夫妻关系咨询	2-1 婚姻问题咨询	2-1-3 能深刻理解人格障碍对婚姻关系的影响，并给予针对性指导	（1）掌握人格障碍的界定 （2）根据不同人格障碍类型对夫妻关系进行咨询指导
		2-1-4 能对抑郁症患者的婚姻家庭关系进行咨询	（1）理解抑郁症患者及其家庭关系 （2）指导抑郁症家庭进行调适与康复
	2-2 离婚后心理咨询	能指导离婚后的调适	（1）分析离婚后的常见心理问题 （2）离婚后的调适咨询
	2-3 再婚关系咨询	能进行再婚关系指导	（1）指导再婚者做好再婚准备 （2）指导再婚者有效处理多元家庭关系
	2-4 婚姻家庭问题咨询与辅导方法	2-4-1 能处理婚姻问题个案	（1）个案工作方法的原则 （2）个案工作方法的技巧
		2-4-2 能进行婚姻家庭问题的团体辅导	（1）为婚姻问题团体辅导做有效准备 （2）婚姻问题团体辅导的技术 （3）恰当运用婚姻家庭问题的团体辅导方法
		2-4-3 能进行婚姻家庭问题的家庭治疗	（1）家庭治疗的基本理论 （2）家庭治疗的基本方法
3. 家庭危机咨询与干预	3-1 危机的类型评估	能区分危机的类型	（1）区分与危机相关的易混概念 （2）各类危机的特点与干预重点
	3-2 家庭危机评估	3-2-1 能对家庭中的常见危机进行干预和评估	（1）家庭常见危机的评估 （2）家庭常见危机评估的因素
		3-2-2 能进行家庭危机干预与效果评估	（1）明确家庭危机干预的方法 （2）掌握家庭危机干预效果与评估
	3-3 与生命事件相关的家庭咨询	3-3-1 能进行自杀干预	（1）对成员具有自杀倾向的家庭进行评估 （2）干预 （3）进一步干预的转移
		3-3-2 能对成员突然死亡的家庭进行干预	（1）干预配偶突然死亡的家庭 （2）干预子女突然死亡的家庭 （3）干预儿童父母突然死亡的家庭

续表

职业功能模块	培训内容	技能目标	培训细目
3. 家庭危机咨询与干预	3-3 与生命事件相关的家庭咨询	3-3-3 能对存在暴力的家庭进行干预	(1) 干预伴侣暴力中的施虐者 (2) 干预伴侣暴力中的受虐者 (3) 干预目睹伴侣暴力的儿童
		3-3-4 能对存在儿童性虐待的家庭进行干预	(1) 干预遭受性虐待的儿童 (2) 干预儿童期遭受过性虐待的成人
		3-3-5 能对罪犯家庭进行干预	(1) 调适罪犯与父母关系 (2) 调适罪犯与子女关系 (3) 调适罪犯的婚姻关系
4. 培训与指导	4-1 培训	4-1-1 能处理婚姻家庭咨询中的伦理问题	(1) 处理文化与价值观冲突问题 (2) 处理危机个案中的伦理问题
		4-1-2 能掌握各流派婚姻家庭咨询的理论与方法	(1) 系统式婚姻家庭咨询的技术 (2) 结构式婚姻家庭咨询的技术 (3) 精神分析理论与方法 (4) 策略式婚姻家庭咨询理论与方法 (5) 经验式婚姻家庭咨询理论与方法
		4-1-3 能将婚姻家庭咨询本土化	(1) 将婚姻家庭咨询进行文化整合 (2) 在婚姻家庭咨询应用过程中进行文化反思
	4-2 指导	4-2-1 能对二级/技师、三级/高级婚姻家庭咨询师的自我成长进行指导	(1) 指导二级/技师、三级/高级婚姻家庭咨询师的个体成长 (2) 指导二级/技师、三级/高级婚姻家庭咨询师的团体成长
		4-2-2 能对二级/技师、三级/高级婚姻家庭咨询师的咨询困境进行督导	(1) 个体督导 (2) 团体督导

2.2 课程规范

2.2.1 职业基本素质培训课程规范

模块	课程	学习单元	课程内容	培训建议	课堂学时
1. 职业认知与职业道德	1-1 职业概述	职业认知	1）婚姻家庭咨询行业简介 2）婚姻家庭咨询师职业定义与工作内容 3）婚姻家庭咨询师职业知识体系	（1）方法：讲授法、案例教学法 （2）重点与难点：职业定义	1
	1-2 职业道德与职业伦理	职业道德与职业伦理	1）社会主义核心价值观与公民道德规范 2）职业道德 3）婚姻家庭咨询师职业道德特点 4）婚姻家庭咨询师职业伦理的基本要求	（1）方法：讲授法、案例教学法 （2）重点与难点：职业伦理的基本要求	1
	1-3 职业守则	职业守则	1）尊重服务对象，满足服务需求 2）保护个人隐私，严守咨询秘密 3）诚实守信，禁止滥用信任 4）语言举止文明，素质能力相宜 5）遵守法律法规，遵循公序良俗 6）弘扬家庭美德，促进社会进步	（1）方法：讲授法、案例教学法 （2）重点与难点：诚实守信，禁止滥用信任	2
2. 婚姻家庭咨询价值理念	2-1 婚姻家庭概述	（1）婚姻家庭的历史演变	1）婚姻家庭的社会性与历史性 2）不同社会形态下的婚姻与家庭	（1）方法：讲授法、案例教学法 （2）重点与难点：婚姻家庭的社会性	1

续表

模块	课程	学习单元	课程内容	培训建议	课堂学时
2. 婚姻家庭咨询价值理念	2-1 婚姻家庭概述	（2）中国当代婚姻家庭的主流和问题	1）中国当代婚姻家庭的主流 2）中国当代婚姻家庭的类型 3）中国当代婚姻家庭的发展趋势 4）中国当代婚姻家庭中的突出问题	（1）方法：讲授法、案例教学法 （2）重点与难点：中国当代婚姻家庭的发展趋势与突出问题	2
	2-2 婚姻家庭价值观	（1）婚姻家庭的伦理基础与婚姻家庭伦理的变化	1）婚姻家庭的伦理基础 2）中国传统社会家庭伦理中的各类家庭关系 3）现代社会婚姻家庭伦理的变化	（1）方法：讲授法、案例教学法 （2）重点与难点：现代社会婚姻家庭伦理的变化	2
		（2）新时代婚姻家庭观与家庭家教家风建设	1）社会主义新时代婚姻家庭观 2）家庭家教家风建设与社会治理 3）社会主义新时代家庭关系准则	（1）方法：讲授法、案例教学法 （2）重点与难点：社会主义新时代家庭关系准则	1
	2-3 性别平等理念	（1）婚姻家庭与性别平等	1）社会性别的基本概念 2）社会建构、制度安排、文化积淀、权利关系与性别不平等 3）家庭对性别平等与妇女发展的影响	（1）方法：讲授法、案例教学法 （2）重点与难点：家庭对性别平等的影响	1
		（2）男女平等基本国策的贯彻落实	1）男女平等基本国策提出与发展 2）男女平等基本国策与社会性别主流化 3）中国妇女发展纲要的制定实施	（1）方法：讲授法、案例教学法 （2）重点与难点：男女平等基本国策提出与发展	1

续表

模块	课程	学习单元	课程内容	培训建议	课堂学时
2. 婚姻家庭咨询价值理念	2-4 婚姻家庭政策	(1) 婚姻家庭制度与家庭政策	1) 婚姻家庭制度 2) 中国婚姻家庭制度的变迁 3) 家庭制度与家庭政策	(1) 方法：讲授法、案例教学法 (2) 重点与难点：婚姻家庭制度	1
		(2) 当代中国婚姻家庭政策	1) 中国婚姻家庭政策的发展 2) 生育抚育政策 3) 家庭与儿童福利政策 4) 家庭养老政策 5) 经济支持政策 6) 家庭政策的不足与完善	(1) 方法：讲授法、案例教学法 (2) 重点与难点：家庭政策的不足与完善	2
		(3) 婚姻家庭政策与性别平等	1) 性别视角在公共政策制定实施中的作用 2) 婚姻家庭政策对社会和家庭中性别平等的影响 3) 婚姻家庭政策中社会性别视角的运用与功能	(1) 方法：讲授法、案例教学法 (2) 重点与难点：家庭政策的性别影响	1
3. 家庭社会学知识	3-1 家庭与社会	(1) 家庭社会学的内涵	1) 家庭社会学的概念 2) 家庭社会学的意义	(1) 方法：讲授法、案例教学法 (2) 重点与难点：家庭社会学的意义	1
		(2) 家庭社会学的主要理论	1) 结构功能论 2) 社会冲突论 3) 社会交换论 4) 家庭发展论 5) 符号互动论 6) 家庭系统理论	(1) 方法：讲授法、案例教学法 (2) 重点与难点：结构功能论、社会冲突论、社会交换论	1

续表

模块	课程	学习单元	课程内容	培训建议	课堂学时
3. 家庭社会学知识	3-2 家庭内涵	（1）家庭的概念	1）家庭的界定 2）家庭的本质	（1）方法：讲授法、案例教学法 （2）重点与难点：家庭的本质	1
		（2）家庭结构和功能	1）家庭结构与分类 2）家庭结构的变迁 3）家庭功能与分类 4）家庭功能的变迁	（1）方法：讲授法、案例教学法 （2）重点与难点：家庭结构与功能的变迁	1
	3-3 家庭过程	（1）婚姻选择与缔结	1）择偶理论 2）择偶标准 3）婚姻的本质 4）婚姻缔结方式 5）婚礼仪式	（1）方法：讲授法、案例教学法 （2）重点与难点：择偶理论、婚姻的本质	1
		（2）婚姻的调适	1）婚姻的质量 2）婚姻调适的艺术	（1）方法：讲授法、案例教学法 （2）重点与难点：婚姻的调适	1
	3-4 家庭纽带	（1）家庭的复杂性	1）家庭关系的结构 2）影响家庭关系的因素	（1）方法：讲授法、案例教学法 （2）重点与难点：影响家庭关系的因素	1
		（2）亲密关系与亲属关系	1）夫妻-性别关系 2）亲子-代际关系 3）其他亲属关系	（1）方法：讲授法、案例教学法 （2）重点与难点：夫妻-性别关系	1
	3-5 家庭危机与应对	（1）婚姻危机	1）婚姻压力 2）同居 3）婚外恋	（1）方法：讲授法、案例教学法 （2）重点与难点：婚姻压力	1
		（2）家庭暴力与离婚	1）家庭暴力的界定 2）婚姻暴力的防范 3）其他家庭暴力的防范 4）离婚的原因 5）离婚的解决对策	（1）方法：讲授法、案例教学法 （2）重点与难点：家庭暴力的防范	1

续表

模块	课程	学习单元	课程内容	培训建议	课堂学时
4. 婚姻家庭心理学知识	4-1 爱情心理	(1) 人际吸引与爱情的内涵	1) 人际吸引的法则 2) 爱情的内涵	(1) 方法：讲授法、案例教学法、讨论法 (2) 重点与难点：爱情的内涵	1
		(2) 亲密关系的类型	1) 亲密关系中的依恋类型 2) 亲密关系理论	(1) 方法：讲授法、案例教学法、讨论法 (2) 重点与难点：亲密关系中的依恋类型	1
	4-2 婚姻心理	(1) 婚姻类型及其形式	1) 婚姻的内涵 2) 婚姻常见的四大类型	(1) 方法：讲授法、案例教学法、讨论法 (2) 重点与难点：婚姻常见的四大类型	1
		(2) 离婚、再婚、丧偶	1) 婚姻的破裂——离婚 2) 再婚的条件与抉择 3) 婚姻的丧失——丧偶与哀伤	(1) 方法：讲授法、案例教学法、讨论法 (2) 重点与难点：离婚、再婚、丧偶的心理问题	2
	4-3 家庭心理	(1) 家庭生命周期与家庭角色	1) 家庭生命周期 2) 家庭角色及其内涵 3) 家庭角色的管理	(1) 方法：讲授法、案例教学法、讨论法 (2) 重点与难点：家庭角色的管理	1
		(2) 家庭角色期待与冲突	1) 家庭角色期待 2) 家庭角色冲突 3) 工作家庭角色平衡	(1) 方法：讲授法、案例教学法、讨论法 (2) 重点与难点：家庭角色冲突	1
		(3) 教养心理学	1) 亲子教养行为的内涵 2) 亲子教养行为时代变化 3) 亲子教养的突出问题	(1) 方法：讲授法、案例教学法、讨论法 (2) 重点与难点：亲子教养的突出问题	2
		(4) 孝养心理学	1) 孝顺的内涵 2) 老人心理特点 3) 孝养行为的变化与问题	(1) 方法：讲授法、案例教学法、讨论法 (2) 重点与难点：孝养行为的变化与问题	1

续表

模块	课程	学习单元	课程内容	培训建议	课堂学时
5. 家庭教育知识	5-1 家庭教育基本理念	家庭教育与父母责任	1）家庭教育的内涵 2）家庭教育的特点 3）父母在家庭教育中的主体责任 4）家庭教育中的父母角色	（1）方法：讲授法、案例教学法 （2）重点：家庭教育的内涵 （3）难点：家庭教育中的父母角色	2
	5-2 家庭教育的需求和影响因素	（1）当代家庭教育的特点和需求	1）当代家庭教育的需求 2）当代家庭教育的特点 3）家长焦虑	（1）方法：讲授法、案例教学法 （2）重点与难点：家长焦虑	2
		（2）影响家庭教育的因素	1）家庭生命周期 2）个体发展阶段 3）家庭结构 4）家庭生活方式 5）家庭关系 6）家长教养方式	（1）方法：讲授法、案例教学法 （2）重点：家长教养方式	1
	5-3 不同阶段儿童家庭教育内容和方法	（1）0~6岁儿童家庭教育指导	1）家庭教育指导内容 2）家庭教育指导方法	（1）方法：讲授法、案例教学法 （2）重点与难点：0~6岁儿童家庭教育指导内容	1
		（2）7~12岁儿童家庭教育指导	1）家庭教育指导内容 2）家庭教育指导方法	（1）方法：讲授法、案例教学法 （2）重点与难点：7~12岁儿童家庭教育指导内容	1
		（3）13~18岁儿童家庭教育指导	1）家庭教育指导内容 2）家庭教育指导方法	（1）方法：讲授法、案例教学法 （2）重点与难点：13~18岁儿童家庭教育指导内容	1
6. 婚姻家庭中的性学知识	6-1 生殖健康与性教育	生殖健康与性教育的重要性	1）理解生殖健康与性教育 2）生殖健康与性教育的国际共识	（1）方法：讲授法、案例教学法 （2）重点与难点：生殖健康与性教育的国际共识	1

续表

模块	课程	学习单元	课程内容	培训建议	课堂学时
6. 婚姻家庭中的性学知识	6-2 性学基础知识	生殖系统的解剖和生理、性卫生保健	1）女性生殖系统的解剖和生理 2）男性生殖系统的解剖和生理 3）女性与男性的生殖系统保健 4）女性与男性的第二性征保健	（1）方法：讲授法、案例教学法 （2）重点与难点：女性和男性生殖系统生理	1
	6-3 性行为与性生活和谐	性行为与两性性生活	1）性欲与性行为 2）两性性反应差异 3）两性性生活和谐 4）性功能障碍的解决	（1）方法：讲授法、案例教学法 （2）重点与难点：两性性生活和谐	2
	6-4 怀孕、避孕与不孕不育	怀孕、避孕与不孕不育	1）妊娠、临产和分娩 2）避孕意义与方法 3）不孕不育的原因和治疗	（1）方法：讲授法、案例教学法 （2）重点与难点：避孕意义与方法	1
	6-5 婚姻与家庭性教育	（1）婚姻与家庭性教育原则和方法	1）婚姻与家庭性教育的主要原则 2）婚姻与家庭性教育的主要方法	（1）方法：讲授法、案例教学法 （2）重点与难点：婚姻与家庭性教育的主要原则	2
		（2）不同年龄阶段的性教育内容与话题	1）0~6岁儿童的性教育内容与话题 2）7~12岁儿童的性教育内容与话题 3）13~18岁儿童的性教育内容与话题 4）19岁以上孩子的性教育内容与话题	（1）方法：讲授法、案例教学法 （2）重点与难点：确定适合孩子的话题	2
		（3）性教育与夫妻性话题	1）男女两性性观念差异 2）夫妻间的性话题	（1）方法：讲授法、案例教学法 （2）重点与难点：夫妻间的性话题	1

续表

模块	课程	学习单元	课程内容	培训建议	课堂学时
7．婚姻家庭经济学知识	7-1 生命周期与家庭经济	不同家庭生命周期的经济状况与特点	1）不同阶段家庭经济状况 2）不同阶段家庭经济特点 3）夫妻劳动与收入模式	（1）方法：讲授法、案例教学法 （2）重点与难点：夫妻劳动与收入模式	1
	7-2 家庭消费	家庭理性消费	1）理性消费理念 2）科学消费行为与方式 3）家庭生命周期的消费特征	（1）方法：讲授法、演示法、案例教学法、观摩法、实训法 （2）重点与难点：家庭生命周期的消费特征	1
	7-3 家庭理财	家庭科学理财	1）科学理财理念 2）理财基本原则 3）理财规划内容 4）避免跟风与防诈骗	（1）方法：讲授法、演示法、案例教学法、观摩法、实训法 （2）重点与难点：避免跟风与防诈骗	1
	7-4 家庭财富管理	家庭财富管理的认知与技能	1）家庭信用管理 2）家庭税收筹划 3）家庭保险规划 4）婚姻与财富管理 5）再婚家庭财产管理	（1）方法：讲授法、演示法、案例教学法、观摩法、实训法 （2）重点：家庭信用管理 （3）难点：婚姻与财富管理	1
8．家庭社会工作知识	8-1 家庭社会工作基础知识	家庭社会工作基础知识	1）家庭社会工作的含义、内容、理念和原则 2）国内外家庭社会工作发展概况 3）我国家庭社会工作服务机构	（1）方法：讲授法、案例教学法、讨论法 （2）重点与难点：家庭社会工作的含义、内容、理念和原则，我国家庭社会工作服务机构	1
	8-2 家庭社会工作的理论视野	家庭社会工作的常用理论	1）家庭发展理论和家庭生态系统理论 2）家庭压力与危机应对理论 3）家庭社会工作的性别视角	（1）方法：讲授法、案例教学法 （2）重点与难点：家庭生态系统理论	2

续表

模块	课程	学习单元	课程内容	培训建议	课堂学时
8. 家庭社会工作知识	8-3 家庭社会工作的方法和工具	（1）家庭社会工作的方法	1）综融取向的工作方法	（1）方法：讲授法、案例教学法 （2）重点与难点：综融取向的工作方法	2
			2）微观的家庭社会工作方法		
			3）宏观的家庭社会工作方法		
		（2）家庭社会工作实务的常用工具	1）家庭社会工作实务常用的评估工具	（1）方法：讲授法、案例教学法 （2）重点与难点：家庭社会工作实务常用的干预工具	2
			2）家庭社会工作实务常用的干预工具		
	8-4 社会变迁对家庭的影响	社会变迁对家庭的影响和当代婚姻家庭问题	1）社会变迁对家庭结构的影响	（1）方法：讲授法、案例教学法、讨论法 （2）重点与难点：社会变迁对家庭结构的影响	1
			2）社会变迁对家庭观念和家庭关系的影响		
			3）社会变迁与当代婚姻家庭问题		
9. 婚姻家庭咨询知识	9-1 婚姻家庭咨询的演变与基本概念	婚姻家庭咨询的内涵	1）婚姻家庭咨询的历史演变	（1）方法：讲授法、案例教学法、讨论法 （2）重点与难点：婚姻家庭咨询的传统概念	2
			2）婚姻家庭咨询的传统概念		
			3）当代广泛应用的基本概念		
	9-2 婚姻家庭咨询的基本设置	（1）初次会谈和基本流程	1）初次会谈的目的和信息	（1）方法：讲授法、案例教学法、讨论法 （2）重点与难点：初次会谈的目的和信息	1
			2）咨询早期、中期和结束阶段的任务和注意事项		
		（2）婚姻家庭咨询评估、伦理和素养	1）婚姻家庭咨询评估	（1）方法：讲授法、案例教学法、讨论法 （2）重点与难点：婚姻家庭咨询评估	1
			2）家庭咨询的基本伦理		
			3）婚姻家庭咨询师的素养		

续表

模块	课程	学习单元	课程内容	培训建议	课堂学时
9. 婚姻家庭咨询知识	9-3 婚姻家庭咨询的经典流派	（1）婚姻家庭咨询经典流派的代表人物、理论要素	1）代际派家庭治疗 2）策略派家庭治疗 3）结构派家庭治疗 4）经验性家庭治疗	（1）方法：讲授法、案例教学法、讨论法 （2）重点与难点：代际派家庭治疗	2
		（2）优势视角和家庭动力	1）优势视角 2）家庭动力	（1）方法：讲授法、案例教学法、讨论法 （2）重点与难点：家庭动力	2
	9-4 婚姻家庭咨询的最新进展	焦点解决与叙事疗法	1）代表人物 2）理论要素 3）家庭动力在正常和异常家庭中的表现	（1）方法：讲授法、案例教学法、讨论法 （2）重点与难点：家庭动力在正常和异常家庭中的表现	2
10. 婚姻家庭法律知识	10-1《中华人民共和国民法典·总则编》相关知识	监护制度	1）监护人的确定 2）监护人的职责 3）监护的撤销与恢复	（1）方法：讲授法、案例教学法 （2）重点与难点：监护人的确定	1
	10-2《中华人民共和国民法典·婚姻家庭编》相关知识	（1）结婚	1）结婚的条件 2）结婚的程序 3）无效婚姻与可撤销婚姻	（1）方法：讲授法、案例教学法 （2）重点与难点：合法婚姻成立条件；婚姻无效、被撤销的法律后果	1
		（2）家庭关系	1）夫妻关系 2）其他家庭成员关系 ①父母子女关系 ②祖孙关系 ③兄弟姐妹关系	（1）方法：讲授法、案例教学法、实训法 （2）重点与难点：夫妻关系	3
		（3）离婚	1）离婚的概念和立法指导思想 2）登记离婚 3）诉讼离婚 4）离婚的法律后果	（1）方法：讲授法、案例教学法、实训法 （2）重点与难点：离婚的概念和立法指导思想	2

续表

模块	课程	学习单元	课程内容	培训建议	课堂学时
10. 婚姻家庭法律知识	10-3 《中华人民共和国民法典·继承编》相关知识	（1）继承的一般规定	1）继承的开始 2）继承的放弃与丧失 3）遗产的处理	（1）方法：讲授法、案例教学法 （2）重点与难点：继承的放弃与丧失	1
		（2）法定继承	1）法定继承的适用范围 2）法定继承人的范围和顺序 3）代位继承 4）应继份额与酌情分得遗产	（1）方法：讲授法、案例教学法 （2）重点与难点：法定继承人的范围和顺序	1
		（3）遗嘱继承和遗赠	1）遗嘱 2）遗嘱继承 3）遗赠	（1）方法：讲授法、案例教学法 （2）重点与难点：遗嘱	1
	10-4 《中华人民共和国刑法》相关知识	与婚姻家庭有关的刑事犯罪	1）暴力干涉婚姻自由的刑事责任 2）虐待家庭成员的刑事责任 3）遗弃家庭成员的刑事责任 4）重婚的刑事责任 5）破坏军婚的刑事责任 6）拐骗儿童的刑事责任 7）出卖亲生子女的刑事责任 8）性侵亲生子女的刑事责任 9）婚姻强奸的刑事责任 10）组织残疾人、儿童乞讨的刑事责任	（1）方法：讲授法、案例教学法、实训法 （2）重点与难点：暴力干涉婚姻自由、虐待家庭成员的刑事责任	2

续表

模块	课程	学习单元	课程内容	培训建议	课堂学时
10. 婚姻家庭法律知识	10-4 《中华人民共和国刑法》相关知识	与婚姻家庭有关的刑事犯罪	11）组织未成年人从事违反治安管理活动的刑事责任		
			12）盗窃家庭成员财产的刑事责任		
			13）诈骗家庭成员财产的刑事责任		
			14）抢夺家庭成员财产的刑事责任		
			15）故意毁坏家庭成员财产的刑事责任		
	10-5 其他与婚姻家庭相关的法律	与婚姻家庭相关的其他法律规定	1）生育权与社会抚养费	（1）方法：讲授法、案例教学法 （2）重点与难点：未成年人的基本权利与家庭保护	2
			2）未成年人的基本权利与家庭保护		
			3）妇女权益受损的法律救济		
			4）老年人的家庭赡养与扶养		
			5）婚前保健与孕产期保健		
			6）残疾人的家庭扶养与社会保障		
课堂学时合计					90

2.2.2 三级／高级职业技能培训课程规范

模块	课程	学习单元	课程内容	培训建议	课堂学时
1. 恋爱择偶咨询	1-1 恋爱观咨询	（1）认识自我与社会性别	1）认识自我	（1）方法：讲授法、案例教学法 （2）重点与难点：自我的建构	5
			2）认识社会性别		
		（2）了解婚恋观念的类型	1）认识择偶观念	（1）方法：讲授法、案例教学法 （2）重点与难点：认识择偶观念的类型	5
			2）认识择偶观念的类型		

续表

模块	课程	学习单元	课程内容	培训建议	课堂学时
1. 恋爱择偶咨询	1-2 恋爱关系咨询	(1) 理解恋爱关系的类型	1) 认知恋爱关系 2) 认知恋爱关系类型	(1) 方法：讲授法、案例教学法 (2) 重点与难点：认知恋爱关系	5
		(2) 学习建立和发展稳定的恋爱关系	1) 学习真诚地表达自我（学会拒绝） 2) 学会恋爱中的谈判 3) 增进恋爱关系的技巧	(1) 方法：讲授法、案例教学法 (2) 重点与难点：增进恋爱关系的技巧	10
	1-3 婚前咨询	为良好的婚姻生活做准备	1) 婚前心理准备 2) 新婚性知识 3) 夫妻财产约定知识	(1) 方法：讲授法、案例教学法 (2) 重点与难点：夫妻财产约定知识	5
2. 夫妻关系咨询	2-1 夫妻关系调适	(1) 夫妻关系问题初步诊断	1) 建立良好夫妻关系的原则 2) 夫妻关系的类型 3) 各类型夫妻关系的心理需求	(1) 方法：讲授法、案例教学法 (2) 重点与难点：夫妻关系的类型	6
		(2) 家庭生命周期不同阶段的夫妻关系特点	1) 家庭系统 2) 家庭生命周期 3) 家庭生命周期的不同阶段夫妻关系的特点与处理原则 4) 夫妻沟通的艺术	(1) 方法：讲授法、案例教学法 (2) 重点与难点：家庭生命周期不同阶段夫妻关系的特点与处理原则	10
	2-2 工作与家庭的平衡	(1) 指导建立良好工作和家庭平衡的方法	1) 理解工作和家庭的关系 2) 建立家庭支持系统	(1) 方法：讲授法、案例教学法 (2) 重点与难点：建立家庭支持系统	4
		(2) 家务劳动分工	1) 夫妻合理分工 2) 指导丈夫承担家务劳动	(1) 方法：讲授法、案例教学法、实训法、角色扮演法 (2) 重点与难点：夫妻合理分工	4

续表

模块	课程	学习单元	课程内容	培训建议	课堂学时
2. 夫妻关系咨询	2-3 夫妻关系问题咨询	（1）反对任何形式的家庭暴力	1）家庭暴力的类型 2）家庭暴力的评估 3）家庭暴力产生的原因 4）反家庭暴力的法律知识	（1）方法：讲授法、案例教学法、角色扮演法 （2）重点与难点：家庭暴力产生的原因	10
		（2）婚内情感变化	1）认识夫妻情感变化的机制与类型 2）评估夫妻情感关系 3）离婚的情感、心理与法律准备	（1）方法：讲授法、案例教学法、角色扮演法 （2）重点与难点：评估夫妻情感关系	16
3. 亲子关系咨询	3-1 家庭教育咨询	（1）教子责任	1）儿童成长规律 2）生命周期与社会化 3）家风与儿童成长的关系	（1）方法：讲授法、案例教学法、情景表演法 （2）重点与难点：家风与儿童成长的关系	4
		（2）亲子关系的类型	1）评估亲子关系类型 2）不同亲子关系类型与儿童成长的关系	（1）方法：讲授法、案例教学法、情景表演法 （2）重点与难点：评估亲子关系类型	8
		（3）儿童发展阶段	1）不同阶段儿童发展的特点 2）亲子关系中的权力关系	（1）方法：讲授法、案例教学法、情景表演法 （2）重点与难点：亲子关系中的权力关系	8
		（4）独生女子与子女出生顺序的养育问题	1）子女出生顺序面对的养育问题 2）优势积累的视角	（1）方法：讲授法、案例教学法、情景表演法 （2）重点与难点：优势积累的视角	2
	3-2 青春期亲子关系咨询	（1）青春期亲子关系	1）青春期危机与逆反 2）成人感 3）青春期性教育	（1）方法：讲授法、案例教学法、情景表演法 （2）重点与难点：青春期危机与逆反	8

续表

模块	课程	学习单元	课程内容	培训建议	课堂学时
3. 亲子关系咨询	3-2 青春期亲子关系咨询	（2）青春期常见亲子关系问题	1）独立与控制 2）生命教育 3）同辈群体关系 4）师生关系	（1）方法：讲授法、案例教学法、角色扮演法 （2）重点与难点：独立与控制	8
	3-3 亲子沟通问题咨询	（1）自主学习能力的培养	1）评估孩子的学习问题 2）学习困难与厌学、拒学 3）家校合作 4）关注校园暴力	（1）方法：讲授法、案例教学法、角色扮演法 （2）重点与难点：评估孩子的学习问题	4
		（2）理解亲子关系中的陪伴	1）儿童各种上瘾问题 2）有效陪伴 3）规则的建立与执行 4）自控力与学习兴趣的培养	（1）方法：讲授法、案例教学法、角色扮演法 （2）重点与难点：有效陪伴	2
		（3）夫妻关系与亲子关系的相互影响	1）父母责任 2）儿童利益优先原则	（1）方法：讲授法、情景表演法 （2）重点与难点：父母责任	2
4. 其他家庭成员的关系咨询	4-1 姻亲关系咨询	亲属关系网络	1）婆媳关系处理原则与技巧 2）翁婿关系处理原则与技巧	（1）方法：讲授法、情景表演法 （2）重点与难点：婆媳关系处理原则与技巧	2
	4-2 祖孙关系咨询	祖孙关系的代际联系	1）主干家庭中的支持关系 2）隔代抚育的优势与潜在问题 3）老人赡养与护理	（1）方法：讲授法、情景表演法 （2）重点与难点：主干家庭中的支持关系、隔代抚育的优势与潜在问题	2
课堂学时合计					130

2.2.3 二级/技师职业技能培训课程规范

模块	课程	学习单元	课程内容	培训建议	课堂学时
1. 恋爱择偶咨询	1-1 恋爱咨询	(1) 亲密关系的自我认知	1) 男女平等的认知 2) 家庭发展中的个体化理论 3) 理解原生家庭在恋爱中的作用	(1) 方法：讲授法、案例教学法 (2) 重点与难点：男女平等的认知	8
		(2) 亲密关系的冲突与暴力	1) 增进沟通的技巧 2) 爱情中的性行为 3) 恋爱中的暴力与熟人强奸	(1) 方法：讲授法、案例教学法 (2) 重点与难点：增进沟通的技巧	8
		(3) 面对爱情中的挫折	1) 失恋的原因分析与处理 2) 恐婚的辅导	(1) 方法：讲授法、案例教学法 (2) 重点与难点：失恋的原因分析与处理	8
		(4) 婚前辅导课程的设计与实施	1) 婚前辅导简介 2) 婚前辅导的设计与实施 3) 婚前辅导课程的效果评估	(1) 方法：讲授法、案例教学法、情景表演法 (2) 重点与难点：婚前辅导的设计与实施	8
	1-2 再婚择偶咨询	再婚择偶辅导	1) 再婚择偶的心理辅导 2) 再婚择偶的法律问题	(1) 方法：讲授法、案例教学法 (2) 重点与难点：再婚择偶的心理辅导	8
2. 夫妻关系咨询	2-1 生育咨询	(1) 生育焦虑	1) 生育焦虑的类型 2) 生育焦虑的咨询与指导技术 3) 不孕不育者的心理辅导	(1) 方法：讲授法、案例教学法 (2) 重点：生育焦虑的类型 (3) 难点：生育焦虑的咨询与指导技术	4
		(2) 生育后家庭角色的变化与调适	1) 生育后夫妻角色的认知改变 2) 生育后夫妻行为的改变 3) 生育后夫妻关系冲突咨询	(1) 方法：讲授法、案例教学法、讨论法 (2) 重点：生育后夫妻关系冲突咨询 (3) 难点：生育后夫妻行为的改变	4

续表

模块	课程	学习单元	课程内容	培训建议	课堂学时
2. 夫妻关系咨询	2-2 夫妻家庭关系调适	（1）家庭关系理论流派	1）家庭关系系统理论 2）萨提亚的家庭咨询理论	（1）方法：讲授法、案例教学法、讨论法 （2）重点与难点：萨提亚的家庭咨询理论	8
		（2）夫妻关系冲突与调适	1）冲突的类型与原因 2）化解夫妻冲突的方法 3）夫妻冲突咨询要点	（1）方法：讲授法、案例教学法、角色扮演法 （2）重点：化解夫妻冲突的方法 （3）难点：夫妻冲突咨询要点	8
		（3）处理工作-家庭的角色冲突	1）处理压力与紧张 2）平衡工作-家庭冲突的策略	（1）方法：讲授法、案例教学法 （2）重点与难点：处理压力与紧张	4
		（4）空巢问题与调适技术	1）空巢家庭的特征 2）空巢家庭心理问题分析 3）空巢家庭生活的调适	（1）方法：讲授法、案例教学法 （2）重点与难点：空巢家庭生活的调适，空巢家庭心理问题分析	4
	2-3 婚姻变故咨询	（1）婚变类型与原因分析	1）婚变的含义及其表现形式 2）婚姻关系破裂的征兆与发展变化过程 3）婚姻危机原因分析	（1）方法：讲授法、案例教学法 （2）重点与难点：婚姻关系破裂的发展过程，婚姻危机原因分析	12
		（2）预防与挽救婚姻关系的方法	1）预防婚姻破裂的策略 2）挽救婚姻关系的方法	（1）方法：讲授法、案例教学法 （2）重点与难点：预防婚姻破裂的策略	12
3. 亲子关系咨询	3-1 家庭教育咨询	（1）教养行为与儿童发展	1）权威型教养 2）专制型教养 3）放任型教养 4）忽视型教养	（1）方法：讲授法、案例教学法、角色扮演法 （2）重点与难点：四种教养行为与儿童发展的关系	4

续表

模块	课程	学习单元	课程内容	培训建议	课堂学时
3．亲子关系咨询	3-1 家庭教育咨询	（2）影响父母教养方式的因素与干预	1）父母对儿童和青少年发展的影响 2）父母自身的影响 3）儿童发展阶段的因素 4）不良教育行为的干预与治疗	（1）方法：讲授法、案例教学法、角色扮演法 （2）重点与难点：父母对儿童和青少年发展的影响	8
	3-2 亲子沟通咨询	（1）建立良好的亲子沟通	1）界定沟通障碍的类型 2）一致型沟通姿态	（1）方法：讲授法、案例教学法、角色扮演法 （2）重点与难点：一致型沟通姿态	8
		（2）个性化亲子沟通解决方案	1）明确需求 2）建立可行性解决方案 3）跟踪评估解决方案效果	（1）方法：讲授法、案例教学法、角色扮演法 （2）重点与难点：建立可行性解决方案	8
		（3）常见亲子关系问题咨询与干预	1）厌学/拒学的家庭咨询 2）网络成瘾问题的家庭咨询 3）青春期叛逆的家庭咨询 4）有家庭暴力或家庭虐待的家庭咨询 5）单亲家庭亲子关系的家庭咨询 6）父母婚姻关系导致亲子冲突的家庭咨询 7）重组家庭亲子关系（或继子女亲子关系）的家庭咨询	（1）方法：讲授法、讨论法、演示法、案例教学法、角色扮演法 （2）重点与难点：青春期叛逆的家庭咨询，有家庭暴力或家庭虐待的家庭咨询，父母婚姻关系导致亲子冲突的家庭咨询	8
4．家庭危机咨询	4-1 识别家庭危机	与家庭危机相关的概念与分类	1）危机 2）危机反应 3）家庭常见危机 4）危机干预	（1）方法：讲授法、案例教学法 （2）重点与难点：危机反应与危机干预	4

续表

模块	课程	学习单元	课程内容	培训建议	课堂学时
4．家庭危机咨询	4-2 家庭危机干预基本模型与方法	危机干预的主要模型	1）危机干预的各种理论与模型 2）危机干预的实践经验总结 3）建立危机干预的支持系统	（1）方法：讨论法、讲授法、案例教学法 （2）重点与难点：危机干预的各种理论与模型	8
	4-3 家庭危机干预实务	（1）对因产后抑郁及产后家庭冲突升级导致的家庭危机进行干预	1）产后家庭关系变化 2）产后抑郁的危险因素与保护因素 3）对产后抑郁及产后家庭冲突升级的干预	（1）方法：讨论法、讲授法、案例教学法 （2）重点与难点：产后抑郁的危险因素和保护因素	8
		（2）对孩子厌学的家庭的干预	1）厌学相关的知识 2）对孩子厌学家庭干预的模型与方法	（1）方法：讨论法、讲授法、案例教学法 （2）重点与难点：对孩子厌学家庭干预的模型与方法	8
5．培训与指导	5-1 培训	（1）婚姻家庭咨询、培训、督导中常见的伦理问题	1）婚姻家庭咨询中常见的伦理问题 2）婚姻家庭培训、督导中常见的伦理问题	（1）方法：讲授法、案例教学法 （2）重点：隐私、保密及其突破保密原则的职业责任 （3）难点：加强自己的专业能力和伦理意识	4
		（2）婚姻家庭咨询测评中常见的伦理问题	婚姻家庭咨询测评中常见的伦理问题	（1）方法：讲授法、角色扮演法、案例教学法 （2）重点与难点：婚姻家庭咨询测评中常见的伦理问题	2
		（3）确定婚姻家庭咨询的重点及技巧	1）会谈前的准备 2）确定婚姻家庭咨询的重点 3）婚姻家庭咨询的技巧 4）咨询后的总结与评估	（1）方法：讲授法、角色扮演法、案例教学法 （2）重点与难点：婚姻家庭咨询的技巧	4

续表

模块	课程	学习单元	课程内容	培训建议	课堂学时
5．培训与指导	5-1 培训	（4）咨询师的角色	1）作为沟通者 2）作为催化者 3）作为帮助者	（1）方法：讲授法、案例教学法、角色扮演法 （2）重点与难点：作为催化者、帮助者	2
	5-2 指导	（1）婚姻家庭咨询计划与方案的内容和制定	1）婚姻家庭咨询计划与方案的内容 2）婚姻家庭咨询计划与方案的制定	（1）方法：讲授法、情景表演法、案例教学法、角色扮演法 （2）重点与难点：婚姻家庭咨询计划与方案的制定	4
		（2）三级/高级婚姻家庭咨询师在工作中的问题与专业指导	1）三级/高级婚姻家庭咨询师容易出现的问题 2）对三级/高级婚姻家庭咨询师进行专业督导	（1）方法：讲授法、情景表演法、案例教学法、角色扮演法 （2）重点与难点：对三级/高级婚姻家庭咨询师进行专业督导	4
课堂学时合计					180

2.2.4 一级/高级技师职业技能培训课程规范

模块	课程	学习单元	课程内容	培训建议	课堂学时
1．恋爱择偶咨询	评估求助者的认知	了解自我	1）了解自我 2）刻板印象 3）互动关系与自我认知	（1）方法：讲授法、案例教学法 （2）重点与难点：自我认同危机、打破刻板印象	5
2．夫妻关系咨询	2-1 婚姻问题咨询	（1）婚外情问题咨询理论与技术	1）夫妻关系评估的理论与技巧 2）婚外情问题产生的原因分析 3）婚外情问题咨询的技巧	（1）方法：讲授法、案例教学法 （2）重点：婚外情问题产生的原因分析 （3）难点：婚外情问题咨询的技巧	6
		（2）性欲障碍及其调适方法	1）夫妻性欲障碍分类 2）性欲障碍调适方法	（1）方法：讲授法、案例教学法 （2）重点与难点：性欲障碍调适方法	6

续表

模块	课程	学习单元	课程内容	培训建议	课堂学时
2. 夫妻关系咨询	2-1 婚姻问题咨询	（3）人格障碍与婚姻关系调适方法	1) 人格障碍的界定 2) 人格障碍类型及其对婚姻关系的影响与调适方法	（1）方法：讲授法、案例教学法 （2）重点与难点：人格障碍类型及其对婚姻关系的影响与调适方法	6
		（4）抑郁症家庭的关系调适与康复	1) 抑郁症患者的社会行为 2) 抑郁症与婚姻家庭关系 3) 抑郁症患者的家庭康复	（1）方法：讲授法、案例教学法 （2）重点：抑郁症与婚姻家庭关系 （3）难点：抑郁症患者的家庭康复	4
	2-2 离婚后心理咨询	离婚后调适	1) 离婚后的心理变化与常见心理问题 2) 离婚后的心理调适 3) 开启新生活	（1）方法：讲授法、案例教学法 （2）重点与难点：离婚后的心理变化与常见心理问题，离婚后的心理调适	4
	2-3 再婚关系咨询	再婚家庭关系处理	1) 再婚准备 2) 再婚家庭关系调适 3) 再婚家庭关系处理技巧	（1）方法：讲授法、案例教学法、角色扮演法 （2）重点：多元关系处理 （3）难点：为婚姻重新定位与再婚准备	4
	2-4 婚姻家庭问题咨询与辅导方法	（1）婚姻家庭问题个案工作法	1) 个案辅导前的准备工作 2) 个案工作法效果评估	（1）方法：讲授法、案例教学法 （2）重点与难点：个案工作法效果评估	4
		（2）婚姻问题团体辅导的方法	1) 婚姻问题团体辅导的方法 2) 婚姻问题团体辅导的技术	（1）方法：讲授法、案例教学法 （2）重点与难点：婚姻问题团体辅导的方法	8
		（3）家庭治疗的基本理论与方法	1) 改善家庭成员间的沟通模式 2) 改善家庭成员间的关系 3) 改善青少年问题的家庭治疗模式	（1）方法：讲授法、案例教学法、实训法 （2）重点与难点：改善青少年问题的家庭治疗模式	4

续表

模块	课程	学习单元	课程内容	培训建议	课堂学时
3. 家庭危机咨询与干预	3-1 危机的类型评估	与危机相关的概念辨析	1）各类危机概念与差异 2）创伤后应激障碍	（1）方法：讲授法、案例教学法 （2）重点与难点：各类危机概念与差异	1
	3-2 家庭危机评估	（1）家庭危机评估	1）家庭常见危机评估的因素 2）家庭常见危机评估量表	（1）方法：讨论法、讲授法、案例教学法 （2）重点与难点：家庭常见危机的评估	2
		（2）家庭危机干预效果评估	1）家庭危机干预 2）家庭危机干预效果评估	（1）方法：讨论法、讲授法、案例教学法 （2）重点与难点：对家庭危机干预效果评估	1
	3-3 与生命事件相关的家庭咨询	（1）对存在致死危机的家庭进行干预	1）与自杀有关的知识 2）对有致死性危机的家庭进行干预的方法	（1）方法：讨论法、讲授法、案例教学法 （2）重点与难点：对有致死性危机的家庭进行干预的方法	6
		（2）对存在成员突然死亡的家庭进行干预	1）与丧失有关的知识 2）对不同类型丧失的家庭的干预方法	（1）方法：讨论法、讲授法、案例教学法 （2）重点与难点：对不同类型丧失的家庭的干预方法	6
		（3）对存在伴侣暴力的家庭进行干预	1）与伴侣暴力相关的知识 ①伴侣暴力的概念 ②伴侣暴力的发生率 ③暴力关系中施虐者与受虐者的特征 2）对家庭中的伴侣暴力进行干预的方法 ①对施虐者的干预 ②对受虐者的干预 ③对儿童的干预	（1）方法：讨论法、讲授法、案例教学法 （2）重点与难点：对家庭中的伴侣暴力进行干预的方法	6
		（4）对存在儿童性虐待的家庭进行干预	1）与儿童性虐待相关的知识 2）对存在儿童性虐待的家庭进行干预的方法	（1）方法：讨论法、讲授法、案例教学法 （2）重点与难点：对存在儿童性虐待的家庭进行干预的方法	6

续表

模块	课程	学习单元	课程内容	培训建议	课堂学时
3．家庭危机咨询与干预	3-3 与生命事件相关的家庭咨询	（5）对罪犯家庭进行干预	1）犯罪与家庭的关系 2）对罪犯家庭的干预方法	（1）方法：讨论法、讲授法、案例教学法 （2）重点与难点：对罪犯家庭的干预方法	6
4．培训与指导	4-1 培训	（1）文化与价值观冲突与职业伦理	1）文化与价值观冲突 2）关系处理中的伦理议题	（1）方法：讲授法、案例教学法、角色扮演法 （2）重点与难点：关系处理中的伦理议题	2
		（2）网络咨询的原则	1）网络咨询的伦理问题 2）伦理问题处理	（1）方法：讲授法、案例教学法、角色扮演法 （2）重点与难点：伦理问题处理	4
		（3）系统式、结构式婚姻家庭咨询的技术	1）系统式婚姻家庭咨询的技术 ①过程质问 ②关系实验 ③去三角化 ④训练 ⑤以第三人称分享 ⑥故事置换 2）结构式婚姻家庭咨询的技术 ①进入家庭 ②评估家庭结构 ③打破旧的家庭系统平衡 ④家庭的重新建构	（1）方法：讲授法、案例教学法、角色扮演法 （2）重点与难点：结构式婚姻家庭咨询的技术	8
		（4）精神分析、策略、经验式婚姻家庭咨询理论与方法	1）精神分析的婚姻家庭咨询 2）策略式婚姻家庭咨询 3）经验式婚姻家庭咨询	（1）方法：讲授法、案例教学法、角色扮演法 （2）重点与难点：策略式婚姻家庭咨询、经验式婚姻家庭咨询	8
		（5）婚姻家庭咨询与中国文化的整合	1）婚姻家庭咨询与中国文化的整合 2）婚姻家庭咨询应用过程的文化反思	（1）方法：讲授法、案例教学法、角色扮演法 （2）重点与难点：婚姻家庭咨询与中国文化的整合	1

续表

模块	课程	学习单元	课程内容	培训建议	课堂学时
4. 培训与指导	4-2 指导	（1）婚姻家庭咨询师的个体、团体成长	1）婚姻家庭咨询师的个体成长	（1）方法：讲授法、案例教学法、角色扮演法 （2）重点与难点：婚姻家庭咨询师的个体成长	1
			2）婚姻家庭咨询师的团体成长		
		（2）个体督导和团体督导	1）个体督导的技能	（1）方法：讲授法、案例教学法、角色扮演法 （2）重点与难点：团体督导的技能	1
			2）团体督导的技能		
课堂学时合计					110

2.2.5 培训建议中培训方法说明

1．讲授法

讲授法指教师主要运用语言讲述，系统地向培训学员传授知识，传播思想观念，即教师通过叙述、描绘、解释、推论来传递信息、传授知识、阐明概念、论证定律和公式，引导学员获取知识，认识和分析问题。

2．讨论法

讨论法指在教师的指导下，学员以班级或小组为单位，围绕学习单元的内容，对某一专题进行深入探讨，通过讨论或辩论，获得知识或巩固知识的一种教学方法，要求教师在讨论结束时需对讨论的主题进行归纳性总结。

3．实训法

实训法指学员在培训教师的指导下巩固知识、运用知识、形成技能技巧的方法。通过实际操作的练习，形成操作技能。

4．参观法

参观法指教师组织或指导学员进行实地观察、调查、研究和学习，使学员获得新知识或巩固已学知识的教学方法。参观教学法可分为准备性参观、并行性参观、总结性参观等。

5．演示法

演示法指在教学过程中，教师通过示范操作和讲解使学员获得知识、技能的教学方法。教学中，教师对操作内容进行现场演示，边操作边讲解，强调操作的关键步骤和注意事项，使学员边学边做，理论与技能并重，师生互动，提高学员的学习兴趣和学习效率。

6．案例教学法

案例教学法指教师通过对案例进行分析，提出问题，分析问题，并找到解决问题的途径和手段，培养学员分析问题、处理问题的能力。

7．项目教学法

项目教学法指以实际应用为目的，将理论知识与实际工作相结合，师生共同完成一个完整的项目工作，使学员获得知识和实践操作能力与解决实际问题能力的教学方法。其实施以小组为学习单位，步骤一般可分为确定项目任务、计划、决策、实施、检查和评价6个步骤。强调学员在学习过程中的主体地位，以学员为中心，以学员学习为主、教师指导为辅，通过完成教学项目，激发学员的学习积极性，使学员既获得相关理论知识，又掌握实践技能和工作方法，提高学员解决实际问题的综合能力。

8．角色扮演法

角色扮演法指学员通过不同角色的扮演，体验自身角色的内涵活动和对方角色的心理，充分展现各种角色的"为"和"位"。在婚姻家庭咨询师角色扮演中的"角色"一般分为咨询师和求助者两大类角色，学员通过角色扮演，学习和运用服务技能，以达到对求助者服务的标准。

9．情景表演法

情景表演法指教师在实施培训前事先准备和布置培训现场，并制定情景表演的情景、对话内容及评估标准，通过学员现场的情景表演活动对活动效果及时评估，从而达到培训的预期效果。

10．实物示教法

实物示教法指教师通过实物的操作演示或对学员实物操作演示的评价，实现对学员技能操作步骤和要领掌握情况的检查、纠错、修正，并演示正确的操作方法的一种教学方法。

11．观摩法

观摩法指通过现场观摩、观看视频等形式，使学员学习知识、获取技能的一种教学方法。

2.3 考核规范

2.3.1 职业基本素质培训考核规范

考核范围	考核比重（%）	考核内容		考核比重（%）	考核单元
1. 职业认知与职业道德	7	1-1	职业概述	3	职业认知
		1-2	职业道德与职业伦理	2	职业道德与职业伦理
		1-3	职业守则	2	职业守则
2. 婚姻家庭咨询价值理念	8	2-1	婚姻家庭概述	2	（1）婚姻家庭的历史演变
					（2）中国当代婚姻家庭的主流和问题
		2-2	婚姻家庭价值观	2	（1）婚姻家庭的伦理基础与婚姻家庭伦理的变化
					（2）新时代婚姻家庭观与家庭家教家风建设
		2-3	性别平等理念	2	（1）婚姻家庭与性别平等
					（2）男女平等基本国策的贯彻落实
		2-4	婚姻家庭政策	2	（1）婚姻家庭制度与家庭政策
					（2）当代中国婚姻家庭政策
					（3）婚姻家庭政策与性别平等
3. 家庭社会学知识	10	3-1	家庭与社会	2	（1）家庭社会学的内涵
					（2）家庭社会学的主要理论
		3-2	家庭内涵	2	（1）家庭的概念
					（2）家庭结构和功能
		3-3	家庭过程	2	（1）婚姻选择与缔结
					（2）婚姻的调适

续表

考核范围	考核比重（%）	考核内容	考核比重（%）	考核单元
3．家庭社会学知识		3-4 家庭纽带	2	（1）家庭的复杂性
				（2）亲密关系与亲属关系
		3-5 家庭危机与应对	2	（1）婚姻危机
				（2）家庭暴力与离婚
4．婚姻家庭心理学知识	10	4-1 爱情心理	3	（1）人际吸引与爱情的内涵
				（2）亲密关系的类型
		4-2 婚姻心理	3	（1）婚姻类型及其形式
				（2）离婚、再婚、丧偶
		4-3 家庭心理	4	（1）家庭生命周期与家庭角色
				（2）家庭角色期待与冲突
				（3）教养心理学
				（4）孝养心理学
5．家庭教育知识	15	5-1 家庭教育基本理念	5	家庭教育与父母责任
		5-2 家庭教育的需求和影响因素	5	（1）当代家庭教育的特点和需求
				（2）影响家庭教育的因素
		5-3 不同阶段儿童家庭教育内容和方法	5	（1）0~6岁儿童家庭教育指导
				（2）7~12岁儿童家庭教育指导
				（3）13~18岁儿童家庭教育指导
6．婚姻家庭中的性学知识	10	6-1 生殖健康与性教育	2	生殖健康与性教育的重要性
		6-2 性学基础知识	2	生殖系统的解剖和生理、性卫生保健
		6-3 性行为与性生活和谐	2	性行为与两性性生活
		6-4 怀孕、避孕与不孕不育	2	怀孕、避孕与不孕不育

续表

考核范围	考核比重（%）	考核内容	考核比重（%）	考核单元
6．婚姻家庭中的性学知识		6-5 婚姻与家庭性教育	2	（1）婚姻与家庭性教育原则和方法
				（2）不同年龄阶段的性教育内容与话题
				（3）性教育与夫妻性话题
7．婚姻家庭经济学知识	8	7-1 生命周期与家庭经济	2	不同家庭生命周期的经济状况与特点
		7-2 家庭消费	2	家庭理性消费
		7-3 家庭理财	2	家庭科学理财
		7-4 家庭财富管理	2	家庭财富管理的认知与技能
8．家庭社会工作知识	10	8-1 家庭社会工作基础知识	2	家庭社会工作基础知识
		8-2 家庭社会工作的理论视野	2	家庭社会工作的常用理论
		8-3 家庭社会工作的方法和工具	3	（1）家庭社会工作的方法
				（2）家庭社会工作实务的常用工具
		8-4 社会变迁对家庭的影响	3	社会变迁对家庭的影响和当代婚姻家庭问题
9．婚姻家庭咨询知识	12	9-1 婚姻家庭咨询的演变与基本概念	3	婚姻家庭咨询的内涵
		9-2 婚姻家庭咨询的基本设置	3	（1）初次会谈和基本流程
				（2）婚姻家庭咨询评估、伦理和素养
		9-3 婚姻家庭咨询的经典流派	3	（1）婚姻家庭咨询经典流派的代表人物、理论要素
				（2）优势视角和家庭动力
		9-4 婚姻家庭咨询的最新进展	3	焦点解决与叙事疗法
10．婚姻家庭法律知识	10	10-1 《中华人民共和国民法典·总则编》相关知识	2	监护制度

续表

考核范围	考核比重（%）	考核内容	考核比重（%）	考核单元
10. 婚姻家庭法律知识		10-2 《中华人民共和国民法典·婚姻家庭编》相关知识	2	（1）结婚
				（2）家庭关系
				（3）离婚
		10-3 《中华人民共和国民法典·继承编》相关知识	2	（1）继承的一般规定
				（2）法定继承
				（3）遗嘱继承和遗赠
		10-4 《中华人民共和国刑法》相关知识	2	与婚姻家庭有关的刑事犯罪
		10-5 其他与婚姻家庭相关的法律	2	与婚姻家庭相关的其他法律规定

2.3.2 三级／高级职业技能培训理论知识考核规范

考核范围	考核比重（%）	考核内容	考核比重（%）	考核单元
1. 恋爱择偶咨询	15	1-1 恋爱观咨询	5	（1）认识自我与社会性别
				（2）了解婚恋观念的类型
		1-2 恋爱关系咨询	5	（1）理解恋爱关系的类型
				（2）学习建立和发展稳定的恋爱关系
		1-3 婚前咨询	5	为良好的婚姻生活做准备
2. 夫妻关系咨询	35	2-1 夫妻关系调适	10	（1）夫妻关系问题初步诊断
				（2）家庭生命周期不同阶段的夫妻关系特点
		2-2 工作与家庭的平衡	10	（1）指导建立良好工作和家庭平衡的方法
				（2）家务劳动分工
		2-3 夫妻关系问题咨询	15	（1）反对任何形式的家庭暴力
				（2）婚内情感变化

续表

考核范围	考核比重（%）	考核内容	考核比重（%）	考核单元
3. 亲子关系咨询	35	3-1 家庭教育咨询	12	（1）教子责任
				（2）亲子关系的类型
				（3）儿童发展阶段
				（4）独生女子与子女出生顺序的养育问题
		3-2 青春期亲子关系咨询	10	（1）青春期亲子关系
				（2）青春期常见亲子关系问题
		3-3 亲子沟通问题咨询	13	（1）自主学习能力的培养
				（2）理解亲子关系中的陪伴
				（3）夫妻关系与亲子关系的相互影响
4. 其他家庭成员的关系咨询	15	4-1 姻亲关系咨询	8	亲属关系网络
		4-2 祖孙关系咨询	7	祖孙关系的代际联系

2.3.3 三级/高级职业技能培训操作技能考核规范

考核范围	考核比重（%）	考核内容	考核比重（%）	考核形式	选考方式	考核时间（分钟）	重要程度
1. 恋爱择偶咨询	15	1-1 恋爱观咨询	5	实操+口试	必考	5	X
		1-2 恋爱关系咨询	5	实操+口试	必考	5	X
		1-3 婚前咨询	5	实操+口试	必考	5	X
2. 夫妻关系咨询	35	2-1 夫妻关系调适	10	实操+口试	必考	10	X
		2-2 工作与家庭的平衡	10	实操+口试	必考	10	X
		2-3 夫妻关系问题咨询	15	实操+口试	必考	10	X

续表

考核范围	考核比重（%）	考核内容	考核比重（%）	考核形式	选考方式	考核时间（分钟）	重要程度
3．亲子关系咨询	35	3-1 家庭教育咨询	12	实操+口试	必考	10	X
		3-2 青春期亲子关系咨询	10	实操+口试	必考	10	X
		3-3 亲子沟通问题咨询	13	实操+口试	必考	15	X
4．其他家庭成员的关系咨询	15	4-1 姻亲关系咨询	8	实操+口试	必考	10	X
		4-2 祖孙关系咨询	7	实操+口试	必考	10	X

重要程度说明："X"表示核心要素，是鉴定中最重要、出现频率最高的内容，具有必备性、典型性的特点。"Y"表示一般要素，是鉴定中一般重要的内容。"Z"表示辅助要素，是鉴定中重要程度较低的内容。

2.3.4 二级/技师职业技能培训理论知识考核规范

考核范围	考核比重（%）	考核内容	考核比重（%）	考核单元
1．恋爱择偶咨询	20	1-1 恋爱咨询	12	（1）亲密关系的自我认知
				（2）亲密关系的冲突与暴力
				（3）面对爱情中的挫折
				（4）婚前辅导课程的设计与实施
		1-2 再婚择偶咨询	8	再婚择偶辅导
2．夫妻关系咨询	25	2-1 生育咨询	6	（1）生育焦虑
				（2）生育后家庭角色的变化与调适
		2-2 夫妻家庭关系调适	13	（1）家庭关系理论流派
				（2）夫妻关系冲突与调适
				（3）处理工作–家庭的角色冲突
				（4）空巢问题与调适技术
		2-3 婚姻变故咨询	6	（1）婚变类型与原因分析
				（2）预防与挽救婚姻关系的方法

续表

考核范围	考核比重（%）	考核内容	考核比重（%）	考核单元
3. 亲子关系咨询	25	3-1 家庭教育咨询	10	(1) 教养行为与儿童发展
				(2) 影响父母教养方式的因素与干预
		3-2 亲子沟通咨询	15	(1) 建立良好的亲子沟通
				(2) 个性化亲子沟通解决方案
				(3) 常见亲子关系问题咨询与干预
4. 家庭危机咨询	20	4-1 识别家庭危机	5	与家庭危机相关的概念与分类
		4-2 家庭危机干预基本模型与方法	5	危机干预的主要模型
		4-3 家庭危机干预实务	10	(1) 对因产后抑郁及产后家庭冲突升级导致的家庭危机进行干预
				(2) 对孩子厌学的家庭的干预
5. 培训与指导	10	5-1 培训	5	(1) 婚姻家庭咨询、培训、督导中常见的伦理问题
				(2) 婚姻家庭咨询测评中常见的伦理问题
				(3) 确定婚姻家庭咨询的重点及技巧
				(4) 咨询师的角色
		5-2 指导	5	(1) 婚姻家庭咨询计划与方案的内容和制定
				(2) 三级/高级婚姻家庭咨询师在工作中的问题与专业指导

2.3.5 二级/技师职业技能培训操作技能考核规范

考核范围	考核比重（%）	考核内容	考核比重（%）	考核形式	选考方式	考核时间（分钟）	重要程度
1. 恋爱择偶咨询	20	1-1 恋爱咨询	12	实操+口试	必考	10	X
		1-2 再婚择偶咨询	8	实操+口试	必考	10	X

续表

考核范围	考核比重（%）	考核内容	考核比重（%）	考核形式	选考方式	考核时间（分钟）	重要程度
2. 夫妻关系咨询	25	2-1 生育咨询	6	实操+口试	必考	10	X
		2-2 夫妻家庭关系调适	13	实操+口试	必考	10	X
		2-3 婚姻变故咨询	6	实操+口试	必考	5	X
3. 亲子关系咨询	25	3-1 家庭教育咨询	10	实操+口试	必考	10	X
		3-2 亲子沟通咨询	15	实操+口试	必考	10	X
4. 家庭危机咨询	20	4-1 识别家庭危机	5	实操+口试	必考	10	X
		4-2 家庭危机干预基本模型与方法	5	实操+口试	必考	10	X
		4-3 家庭危机干预实务	10	实操+口试	必考	10	X
5. 培训与指导	10	5-1 培训	5	实操+口试	必考	10	X
		5-2 指导	5	实操+口试	必考	10	X

2.3.6 一级/高级技师职业技能培训理论知识考核规范

考核范围	考核比重（%）	考核内容	考核比重（%）	考核单元
1. 恋爱择偶咨询	10	评估求助者的认知	10	了解自我
2. 夫妻关系咨询	40	2-1 婚姻问题咨询	10	（1）婚外情问题咨询理论与技术
				（2）性欲障碍及其调适方法
				（3）人格障碍与婚姻关系调适方法
				（4）抑郁症家庭的关系调适与康复

续表

考核范围	考核比重（%）	考核内容	考核比重（%）	考核单元
2. 夫妻关系咨询		2-2 离婚后心理咨询	10	离婚后调适
		2-3 再婚关系咨询	10	再婚家庭关系处理
		2-4 婚姻家庭问题咨询与辅导方法	10	（1）婚姻家庭问题个案工作法
				（2）婚姻问题团体辅导的方法
				（3）家庭治疗的基本理论与方法
3. 家庭危机咨询与干预	35	3-1 危机的类型评估	5	与危机相关的概念辨析
		3-2 家庭危机评估	10	（1）家庭危机评估
				（2）家庭危机干预效果评估
		3-3 与生命事件相关的家庭咨询	20	（1）对存在致死危机的家庭进行干预
				（2）对存在成员突然死亡的家庭进行干预
				（3）对存在伴侣暴力的家庭进行干预
				（4）对存在儿童性虐待的家庭进行干预
				（5）对罪犯家庭进行干预
4. 培训与指导	15	4-1 培训	8	（1）文化与价值观冲突与职业伦理
				（2）网络咨询的原则
				（3）系统式、结构式婚姻家庭咨询的技术
				（4）精神分析、策略、经验式婚姻家庭咨询理论与方法
				（5）婚姻家庭咨询与中国文化的整合
		4-2 指导	7	（1）婚姻家庭咨询师的个体、团体成长
				（2）个体督导和团体督导

2.3.7 一级/高级技师职业技能培训操作技能考核规范

考核范围	考核比重（%）	考核内容	考核比重（%）	考核形式	选考方式	考核时间（分钟）	重要程度
1. 恋爱择偶咨询	10	评估求助者的认知	10	实操+口试	必考	10	X
2. 夫妻关系咨询	40	2-1 婚姻问题咨询	10	实操+口试	必考	10	X
		2-2 离婚后心理咨询	10	实操+口试	必考	10	X
		2-3 再婚关系咨询	10	实操+口试	必考	10	X
		2-4 婚姻家庭问题咨询与辅导方法	10	实操+口试	必考	10	X
3. 家庭危机咨询与干预	35	3-1 危机的类型评估	5	实操+口试	必考	10	X
		3-2 家庭危机评估	10	实操+口试	必考	10	X
		3-3 与生命事件相关的家庭咨询	20	实操+口试	必考	10	X
4. 培训与指导	15	4-1 培训	8	实操+口试	必考	10	X
		4-2 指导	7	实操+口试	必考	10	X

附录

培训要求与课程规范对照表

附录

附录1 职业基本素质培训要求与课程规范对照表

2.1.1 职业基本素质培训要求			2.2.1 职业基本素质培训课程规范			
职业基本素质模块（模块）	培训内容（课程）	培训细目	学习单元	课程内容	培训建议	课堂学时
1. 职业认知与职业道德	1-1 职业概述	（1）婚姻家庭咨询行业简介 （2）婚姻家庭咨询师工作内容	职业认知	1）婚姻家庭咨询行业简介 2）婚姻家庭咨询师职业定义与工作内容 3）婚姻家庭咨询师职业知识体系	（1）方法：讲授法、案例教学法 （2）重点与难点：职业定义	1
	1-2 职业道德与职业伦理	（1）公民道德规范 （2）职业道德 （3）职业伦理	职业道德与职业伦理	1）社会主义核心价值观与公民道德规范 2）职业道德 3）婚姻家庭咨询师职业道德特点 4）婚姻家庭咨询师职业伦理的基本要求	（1）方法：讲授法、案例教学法 （2）重点与难点：职业伦理的基本要求	1
	1-3 职业守则	职业守则	职业守则	1）尊重服务对象，满足服务需求 2）保护个人隐私，严守咨询秘密 3）诚实守信，禁止滥用信任 4）语言举止文明，素质能力相宜 5）遵守法律法规，遵循公序良俗 6）弘扬家庭美德，促进社会进步	（1）方法：讲授法、案例教学法 （2）重点与难点：诚实守信，禁止滥用信任	2
2. 婚姻家庭咨询价值理念	2-1 婚姻家庭概述	（1）婚姻家庭的演变 （2）中国当代婚姻家庭状况	（1）婚姻家庭的历史演变	1）婚姻家庭的社会性与历史性 2）不同社会形态下的婚姻与家庭	（1）方法：讲授法、案例教学法 （2）重点与难点：婚姻家庭的社会性	1
			（2）中国当代婚姻家庭的主流和问题	1）中国当代婚姻家庭的主流 2）中国当代婚姻家庭的类型 3）中国当代婚姻家庭的发展趋势 4）中国当代婚姻家庭中的突出问题	（1）方法：讲授法、案例教学法 （2）重点与难点：中国当代婚姻家庭的发展趋势与突出问题	2

续表

2.1.1 职业基本素质培训要求			2.2.1 职业基本素质培训课程规范			
职业基本素质模块（模块）	培训内容（课程）	培训细目	学习单元	课程内容	培训建议	课堂学时
2. 婚姻家庭咨询价值理念	2-2 婚姻家庭价值观	（1）婚姻家庭伦理 （2）家庭伦理原则及其变化 （3）新时代婚姻家庭观 （4）家庭家教家风建设与社会治理	（1）婚姻家庭的伦理基础与婚姻家庭伦理的变化	1）婚姻家庭的伦理基础 2）中国传统社会家庭伦理中的各类家庭关系 3）现代社会婚姻家庭伦理的变化	（1）方法：讲授法、案例教学法 （2）重点与难点：现代社会婚姻家庭伦理的变化	2
			（2）新时代婚姻家庭观与家庭家教家风建设	1）社会主义新时代婚姻家庭观 2）家庭家教家风建设与社会治理 3）社会主义新时代家庭关系准则	（1）方法：讲授法、案例教学法 （2）重点与难点：社会主义新时代家庭关系准则	1
	2-3 性别平等理念	（1）马克思主义妇女观 （2）家庭对性别平等的影响 （3）男女平等基本国策及要求	（1）婚姻家庭与性别平等	1）社会性别的基本概念 2）社会建构、制度安排、文化积淀、权利关系与性别不平等 3）家庭对性别平等与妇女发展的影响	（1）方法：讲授法、案例教学法 （2）重点与难点：家庭对性别平等的影响	1
			（2）男女平等基本国策的贯彻落实	1）男女平等基本国策提出与发展 2）男女平等基本国策与社会性别主流化 3）中国妇女发展纲要的制定实施	（1）方法：讲授法、案例教学法 （2）重点与难点：男女平等基本国策提出与发展	1
	2-4 婚姻家庭政策	（1）婚姻家庭制度与家庭政策 （2）当代中国婚姻家庭政策的发展与完善	（1）婚姻家庭制度与家庭政策	1）婚姻家庭制度 2）中国婚姻家庭制度的变迁 3）家庭制度与家庭政策	（1）方法：讲授法、案例教学法 （2）重点与难点：婚姻家庭制度	1
			（2）当代中国婚姻家庭政策	1）中国婚姻家庭政策的发展 2）生育抚育政策 3）家庭与儿童福利政策 4）家庭养老政策 5）经济支持政策 6）家庭政策的不足与完善	（1）方法：讲授法、案例教学法 （2）重点与难点：家庭政策的不足与完善	2

续表

2.1.1 职业基本素质培训要求			2.2.1 职业基本素质培训课程规范			
职业基本素质模块（模块）	培训内容（课程）	培训细目	学习单元	课程内容	培训建议	课堂学时
2．婚姻家庭咨询价值理念	2-4 婚姻家庭政策	（3）婚姻家庭政策的性别视角 （4）婚姻家庭政策对性别平等的影响	（3）婚姻家庭政策与性别平等	1）性别视角在公共政策制定实施中的作用 2）婚姻家庭政策对社会和家庭中性别平等的影响 3）婚姻家庭政策中社会性别视角的运用与功能	（1）方法：讲授法、案例教学法 （2）重点与难点：家庭政策的性别影响	1
3．家庭社会学知识	3-1 家庭与社会	（1）家庭社会学核心概念 （2）家庭社会学理论基础	（1）家庭社会学的内涵	1）家庭社会学的概念 2）家庭社会学的意义	（1）方法：讲授法、案例教学法 （2）重点与难点：家庭社会学的意义	1
			（2）家庭社会学的主要理论	1）结构功能论 2）社会冲突论 3）社会交换论 4）家庭发展论 5）符号互动论 6）家庭系统理论	（1）方法：讲授法、案例教学法 （2）重点与难点：结构功能论、社会冲突论、社会交换论	1
	3-2 家庭内涵	（1）家庭的定义 （2）家庭结构和功能	（1）家庭的概念	1）家庭的界定 2）家庭的本质	（1）方法：讲授法、案例教学法 （2）重点与难点：家庭的本质	1
			（2）家庭结构和功能	1）家庭结构与分类 2）家庭结构的变迁 3）家庭功能与分类 4）家庭功能的变迁	（1）方法：讲授法、案例教学法 （2）重点与难点：家庭结构与功能的变迁	1
	3-3 家庭过程	（1）婚姻缔结 （2）婚姻调适	（1）婚姻选择与缔结	1）择偶理论 2）择偶标准 3）婚姻的本质 4）婚姻缔结方式 5）婚礼仪式	（1）方法：讲授法、案例教学法 （2）重点与难点：择偶理论、婚姻的本质	1
			（2）婚姻的调适	1）婚姻的质量 2）婚姻调适的艺术	（1）方法：讲授法、案例教学法 （2）重点与难点：婚姻的调适	1

续表

2.1.1 职业基本素质培训要求			2.2.1 职业基本素质培训课程规范			
职业基本素质模块（模块）	培训内容（课程）	培训细目	学习单元	课程内容	培训建议	课堂学时
3. 家庭社会学知识	3-4 家庭纽带	（1）家庭关系特点 （2）家庭关系分类	（1）家庭的复杂性	1）家庭关系的结构	（1）方法：讲授法、案例教学法 （2）重点与难点：影响家庭关系的因素	1
				2）影响家庭关系的因素		
			（2）亲密关系与亲属关系	1）夫妻-性别关系	（1）方法：讲授法、案例教学法 （2）重点与难点：夫妻-性别关系	1
				2）亲子-代际关系		
				3）其他亲属关系		
	3-5 家庭危机与应对	（1）婚姻危机与应对 （2）家庭暴力与离婚	（1）婚姻危机	1）婚姻压力	（1）方法：讲授法、案例教学法 （2）重点与难点：婚姻压力	1
				2）同居		
				3）婚外恋		
			（2）家庭暴力与离婚	1）家庭暴力的界定	（1）方法：讲授法、案例教学法 （2）重点与难点：家庭暴力的防范	1
				2）婚姻暴力的防范		
				3）其他家庭暴力的防范		
				4）离婚的原因		
				5）离婚的解决对策		
4. 婚姻家庭心理学知识	4-1 爱情心理	（1）爱情的内涵 （2）亲密关系	（1）人际吸引与爱情的内涵	1）人际吸引的法则	（1）方法：讲授法、案例教学法、讨论法 （2）重点与难点：爱情的内涵	1
				2）爱情的内涵		
			（2）亲密关系的类型	1）亲密关系中的依恋类型	（1）方法：讲授法、案例教学法、讨论法 （2）重点与难点：亲密关系中的依恋类型	1
				2）亲密关系理论		
	4-2 婚姻心理	（1）婚姻内涵与类型 （2）离婚再婚丧偶	（1）婚姻类型及其形式	1）婚姻的内涵	（1）方法：讲授法、案例教学法、讨论法 （2）重点与难点：婚姻常见的四大类型	1
				2）婚姻常见的四大类型		
			（2）离婚、再婚、丧偶	1）婚姻的破裂——离婚	（1）方法：讲授法、案例教学法、讨论法 （2）重点与难点：离婚、再婚、丧偶的心理问题	2
				2）再婚的条件与抉择		
				3）婚姻的丧失——丧偶与哀伤		

续表

2.1.1 职业基本素质培训要求			2.2.1 职业基本素质培训课程规范			
职业基本素质模块（模块）	培训内容（课程）	培训细目	学习单元	课程内容	培训建议	课堂学时
4. 婚姻家庭心理学知识	4-3 家庭心理	(1) 家庭角色内涵 (2) 家庭角色期待与冲突 (3) 教养心理的内涵和常见问题 (4) 孝养心理的内涵和变化	(1) 家庭生命周期与家庭角色	1) 家庭生命周期 2) 家庭角色及其内涵 3) 家庭角色的管理	(1) 方法：讲授法、案例教学法、讨论法 (2) 重点与难点：家庭角色的管理	1
			(2) 家庭角色期待与冲突	1) 家庭角色期待 2) 家庭角色冲突 3) 工作家庭角色平衡	(1) 方法：讲授法、案例教学法、讨论法 (2) 重点与难点：家庭角色冲突	1
			(3) 教养心理学	1) 亲子教养行为的内涵 2) 亲子教养行为时代变化 3) 亲子教养的突出问题	(1) 方法：讲授法、案例教学法、讨论法 (2) 重点与难点：亲子教养的突出问题	2
			(4) 孝养心理学	1) 孝顺的内涵 2) 老人心理特点 3) 孝养行为的变化与问题	(1) 方法：讲授法、案例教学法、讨论法 (2) 重点与难点：孝养行为的变化与问题	1
5. 家庭教育知识	5-1 家庭教育基本理念	(1) 家庭教育的概念和特点 (2) 家庭父母责任与角色	家庭教育与父母责任	1) 家庭教育的内涵 2) 家庭教育的特点 3) 父母在家庭教育中的主体责任 4) 家庭教育中的父母角色	(1) 方法：讲授法、案例教学法 (2) 重点：家庭教育的内涵 (3) 难点：家庭教育中的父母角色	2
	5-2 家庭教育的需求和影响因素	(1) 影响当代家庭的需求 (2) 家庭教育的影响因素 (3) 家庭教育指导的社会背景	(1) 当代家庭教育的特点和需求	1) 当代家庭教育的需求 2) 当代家庭教育的特点 3) 家长焦虑	(1) 方法：讲授法、案例教学法 (2) 重点与难点：家长焦虑	2
			(2) 影响家庭教育的因素	1) 家庭生命周期 2) 个体发展阶段 3) 家庭结构 4) 家庭生活方式 5) 家庭关系 6) 家长教养方式	(1) 方法：讲授法、案例教学法 (2) 重点：家长教养方式	1

续表

2.1.1 职业基本素质培训要求			2.2.1 职业基本素质培训课程规范			
职业基本素质模块（模块）	培训内容（课程）	培训细目	学习单元	课程内容	培训建议	课堂学时
5. 家庭教育知识	5-3 不同阶段儿童家庭教育内容和方法	(1) 不同阶段家庭教育的内容 (2) 不同阶段家庭教育的应对策略	(1) 0~6岁儿童家庭教育指导	1) 家庭教育指导内容	(1) 方法：讲授法、案例教学法 (2) 重点与难点：0~6岁儿童家庭教育指导内容	1
				2) 家庭教育指导方法		
			(2) 7~12岁儿童家庭教育指导	1) 家庭教育指导内容	(1) 方法：讲授法、案例教学法 (2) 重点与难点：7~12岁儿童家庭教育指导内容	1
				2) 家庭教育指导方法		
			(3) 13~18岁儿童家庭教育指导	1) 家庭教育指导内容	(1) 方法：讲授法、案例教学法 (2) 重点与难点：13~18岁儿童家庭教育指导内容	1
				2) 家庭教育指导方法		
6. 婚姻家庭中的性学知识	6-1 生殖健康与性教育	生殖健康与性教育概述	生殖健康与性教育的重要性	1) 理解生殖健康与性教育	(1) 方法：讲授法、案例教学法 (2) 重点与难点：生殖健康与性教育的国际共识	1
				2) 生殖健康与性教育的国际共识		
	6-2 性学基础知识	(1) 女性与男性的生殖系统解剖和生理 (2) 女性与男性的性卫生保健	生殖系统的解剖和生理、性卫生保健	1) 女性生殖系统的解剖和生理	(1) 方法：讲授法、案例教学法 (2) 重点与难点：女性和男性生殖系统生理	1
				2) 男性生殖系统的解剖和生理		
				3) 女性与男性的生殖系统保健		
				4) 女性与男性的第二性征保健		
	6-3 性行为与性生活和谐	(1) 性行为与性反应 (2) 性生活和谐	性行为与两性性生活	1) 性欲与性行为	(1) 方法：讲授法、案例教学法 (2) 重点与难点：两性性生活和谐	2
				2) 两性性反应差异		
				3) 两性性生活和谐		
				4) 性功能障碍的解决		
	6-4 怀孕、避孕与不孕不育	(1) 怀孕 (2) 避孕 (3) 不孕不育	怀孕、避孕与不孕不育	1) 妊娠、临产和分娩	(1) 方法：讲授法、案例教学法 (2) 重点与难点：避孕意义与方法	1
				2) 避孕意义与方法		
				3) 不孕不育的原因和治疗		

附录

续表

2.1.1 职业基本素质培训要求			2.2.1 职业基本素质培训课程规范			
职业基本素质模块（模块）	培训内容（课程）	培训细目	学习单元	课程内容	培训建议	课堂学时
6. 婚姻家庭中的性学知识	6-5 婚姻与家庭性教育	（1）婚姻与家庭性教育原则（2）婚姻与家庭性教育方法（3）不同阶段的儿童性教育内容（4）不同阶段的儿童性教育的话题（5）性教育与夫妻性话题	（1）婚姻与家庭性教育原则和方法	1）婚姻与家庭性教育的主要原则	（1）方法：讲授法、案例教学法（2）重点与难点：婚姻与家庭性教育的主要原则	2
				2）婚姻与家庭性教育的主要方法		
			（2）不同年龄阶段的性教育内容与话题	1）0~6岁儿童的性教育内容与话题	（1）方法：讲授法、案例教学法（2）重点与难点：确定适合孩子的话题	2
				2）7~12岁儿童的性教育内容与话题		
				3）13~18岁儿童的性教育内容与话题		
				4）19岁以上孩子的性教育内容与话题		
			（3）性教育与夫妻性话题	1）男女两性性观念差异	（1）方法：讲授法、案例教学法（2）重点与难点：夫妻间的性话题	1
				2）夫妻间的性话题		
7. 婚姻家庭经济学知识	7-1 生命周期与家庭经济	（1）不同阶段家庭经济状况（2）夫妻劳动与收入模式与影响	不同家庭生命周期的经济状况与特点	1）不同阶段家庭经济状况	（1）方法：讲授法、案例教学法（2）重点与难点：夫妻劳动与收入模式	1
				2）不同阶段家庭经济特点		
				3）夫妻劳动与收入模式		
	7-2 家庭消费	（1）家庭理性消费理念与行为（2）家庭生命周期消费特征	家庭理性消费	1）理性消费理念	（1）方法：讲授法、演示法、案例教学法、观摩法、实训法（2）重点与难点：家庭生命周期的消费特征	1
				2）科学消费行为与方式		
				3）家庭生命周期的消费特征		
	7-3 家庭理财	（1）科学理财理念与原则（2）理财规划内容	家庭科学理财	1）科学理财理念	（1）方法：讲授法、演示法、案例教学法、观摩法、实训法（2）重点与难点：避免跟风与防诈骗	1
				2）理财基本原则		
				3）理财规划内容		
				4）避免跟风与防诈骗		
	7-4 家庭财富管理	（1）家庭信用管理（2）家庭税收筹划	家庭财富管理的认知与技能	1）家庭信用管理	（1）方法：讲授法、演示法、案例教学法、观摩法、实训法	1
				2）家庭税收筹划		

续表

2.1.1 职业基本素质培训要求			2.2.1 职业基本素质培训课程规范			
职业基本素质模块（模块）	培训内容（课程）	培训细目	学习单元	课程内容	培训建议	课堂学时
7.婚姻家庭经济学知识	7-4 家庭财富管理	（3）风险管理与保险规划 （4）婚姻与财富保全	家庭财富管理的认知与技能	3）家庭保险规划 4）婚姻与财富管理 5）再婚家庭财产管理	（2）重点：家庭信用管理 （3）难点：婚姻与财富管理	
8.家庭社会工作知识	8-1 家庭社会工作基础知识	（1）家庭社会工作的含义 （2）家庭社会工作的内容、理念和原则 （3）国内外家庭社会工作发展概况	家庭社会工作基础知识	1）家庭社会工作的含义、内容、理念和原则 2）国内外家庭社会工作发展概况 3）我国家庭社会工作服务机构	（1）方法：讲授法、案例教学法、讨论法 （2）重点与难点：家庭社会工作的含义、内容、理念和原则，我国家庭社会工作服务机构	1
	8-2 家庭社会工作的理论视野	（1）家庭发展理论和生态系统取向的家庭社会工作 （2）家庭压力与危机应对理论	家庭社会工作的常用理论	1）家庭发展理论和家庭生态系统理论 2）家庭压力与危机应对理论 3）家庭社会工作的性别视角	（1）方法：讲授法、案例教学法 （2）重点与难点：家庭生态系统理论	2
	8-3 家庭社会工作的方法和工具	（1）综融取向的工作方法 （2）家庭社会工作实务常用的评估工具 （3）家庭社会工作实务常用的干预工具	（1）家庭社会工作的方法	1）综融取向的工作方法 2）微观的家庭社会工作方法 3）宏观的家庭社会工作方法	（1）方法：讲授法、案例教学法 （2）重点与难点：综融取向的工作方法	2
			（2）家庭社会工作实务的常用工具	1）家庭社会工作实务常用的评估工具 2）家庭社会工作实务常用的干预工具	（1）方法：讲授法、案例教学法 （2）重点与难点：家庭社会工作实务常用的干预工具	2
	8-4 社会变迁对家庭的影响	（1）社会变迁对家庭结构的影响 （2）社会变迁对家庭观念与家庭关系的影响	社会变迁对家庭的影响和当代婚姻家庭问题	1）社会变迁对家庭结构的影响 2）社会变迁对家庭观念和家庭关系的影响 3）社会变迁与当代婚姻家庭问题	（1）方法：讲授法、案例教学法、讨论法 （2）重点与难点：社会变迁对家庭结构的影响	1
9.婚姻家庭咨询知识	9-1 婚姻家庭咨询的演变与基本概念	（1）婚姻家庭咨询的演变	婚姻家庭咨询的内涵	1）婚姻家庭咨询的历史演变 2）婚姻家庭咨询的传统概念	（1）方法：讲授法、案例教学法、讨论法	2

续表

2.1.1 职业基本素质培训要求			2.2.1 职业基本素质培训课程规范			
职业基本素质模块（模块）	培训内容（课程）	培训细目	学习单元	课程内容	培训建议	课堂学时
9．婚姻家庭咨询知识	9-1 婚姻家庭咨询的演变与基本概念	（2）婚姻家庭咨询的基本概念	婚姻家庭咨询的内涵	3）当代广泛应用的基本概念	（2）重点与难点：婚姻家庭咨询的传统概念	
	9-2 婚姻家庭咨询的基本设置	（1）婚姻家庭咨询的初次会谈（2）婚姻家庭咨询的流程（3）婚姻家庭咨询的评估（4）婚姻家庭咨询的伦理（5）婚姻家庭咨询师的素养	（1）初次会谈和基本流程	1）初次会谈的目的和信息 2）咨询早期、中期和结束阶段的任务和注意事项	（1）方法：讲授法、案例教学法、讨论法（2）重点与难点：初次会谈的目的和信息	1
			（2）婚姻家庭咨询评估、伦理和素养	1）婚姻家庭咨询评估 2）家庭咨询的基本伦理 3）婚姻家庭咨询师的素养	（1）方法：讲授法、案例教学法、讨论法（2）重点与难点：婚姻家庭咨询评估	1
	9-3 婚姻家庭咨询的经典流派	（1）经典流派的代表人物和理论要素（2）婚姻家庭咨询经典流派的家庭动力	（1）婚姻家庭咨询经典流派的代表人物、理论要素	1）代际派家庭治疗 2）策略派家庭治疗 3）结构派家庭治疗 4）经验性家庭治疗	（1）方法：讲授法、案例教学法、讨论法（2）重点与难点：代际派家庭治疗	2
			（2）优势视角和家庭动力	1）优势视角 2）家庭动力	（1）方法：讲授法、案例教学法、讨论法（2）重点与难点：家庭动力	2
	9-4 婚姻家庭咨询的最新进展	（1）婚姻家庭咨询的最新理论介绍（2）焦点解决与叙事疗法	焦点解决与叙事疗法	1）代表人物 2）理论要素 3）家庭动力在正常和异常家庭中的表现	（1）方法：讲授法、案例教学法、讨论法（2）重点与难点：家庭动力在正常和异常家庭中的表现	2
10．婚姻家庭法律知识	10-1 《中华人民共和国民法典·总则编》相关知识	（1）监护人的确定（2）监护人的职责（3）监护的撤销与恢复	监护制度	1）监护人的确定 2）监护人的职责 3）监护的撤销与恢复	（1）方法：讲授法、案例教学法（2）重点与难点：监护人的确定	1

续表

2.1.1 职业基本素质培训要求			2.2.1 职业基本素质培训课程规范			
职业基本素质模块（模块）	培训内容（课程）	培训细目	学习单元	课程内容	培训建议	课堂学时
10. 婚姻家庭法律知识	10-2《中华人民共和国民法典·婚姻家庭编》相关知识	（1）结婚的条件与程序 （2）无效婚姻与可撤销婚姻 （3）夫妻关系 （4）父母子女关系与其他家庭成员关系 （5）离婚程序 （6）离婚的法律后果	（1）结婚	1）结婚的条件 2）结婚的程序 3）无效婚姻与可撤销婚姻	（1）方法：讲授法、案例教学法 （2）重点与难点：合法婚姻成立条件；婚姻无效、被撤销的法律后果	1
			（2）家庭关系	1）夫妻关系 2）其他家庭成员关系 ①父母子女关系 ②祖孙关系 ③兄弟姐妹关系	（1）方法：讲授法、案例教学法、实训法 （2）重点与难点：夫妻关系	3
			（3）离婚	1）离婚的概念和立法指导思想 2）登记离婚 3）诉讼离婚 4）离婚的法律后果	（1）方法：讲授法、案例教学法、实训法 （2）重点与难点：离婚的概念和立法指导思想	2
	10-3《中华人民共和国民法典·继承编》相关知识	（1）继承的一般规定 （2）法定继承 （3）遗嘱 （4）遗嘱继承和遗赠	（1）继承的一般规定	1）继承的开始 2）继承的放弃与丧失 3）遗产的处理	（1）方法：讲授法、案例教学法 （2）重点与难点：继承的放弃与丧失	1
			（2）法定继承	1）法定继承的适用范围 2）法定继承人的范围和顺序 3）代位继承 4）应继份额与酌情分得遗产	（1）方法：讲授法、案例教学法 （2）重点与难点：法定继承人的范围和顺序	1
			（3）遗嘱继承和遗赠	1）遗嘱 2）遗嘱继承 3）遗赠	（1）方法：讲授法、案例教学法 （2）重点与难点：遗嘱	1
	10-4《中华人民共和国刑法》相关知识	（1）侵犯公民人身权利、民主权利罪	与婚姻家庭有关的刑事犯罪	1）暴力干涉婚姻自由的刑事责任 2）虐待家庭成员的刑事责任 3）遗弃家庭成员的刑事责任 4）重婚的刑事责任	（1）方法：讲授法、案例教学法、实训法	2

续表

2.1.1 职业基本素质培训要求			2.2.1 职业基本素质培训课程规范			
职业基本素质模块（模块）	培训内容（课程）	培训细目	学习单元	课程内容	培训建议	课堂学时
10. 婚姻家庭法律知识	10-4 《中华人民共和国刑法》相关知识	（2）侵犯家庭成员财产罪	与婚姻家庭有关的刑事犯罪	5）破坏军婚的刑事责任 6）拐骗儿童的刑事责任 7）出卖亲生子女的刑事责任 8）性侵亲生子女的刑事责任 9）婚姻强奸的刑事责任 10）组织残疾人、儿童乞讨的刑事责任 11）组织未成年人从事违反治安管理活动的刑事责任 12）盗窃家庭成员财产的刑事责任 13）诈骗家庭成员财产的刑事责任 14）抢夺家庭成员财产的刑事责任 15）故意毁坏家庭成员财产的刑事责任	（2）重点与难点：暴力干涉婚姻自由、虐待家庭成员的刑事责任	
	10-5 其他与婚姻家庭相关的法律	（1）《中华人民共和国人口与计划生育法》 （2）《中华人民共和国未成年人保护法》 （3）《中华人民共和国妇女权益保障法》 （4）《中华人民共和国老年人权益保障法》 （5）《中华人民共和国母婴保健法》 （6）《中华人民共和国残疾人保障法》	与婚姻家庭相关的其他法律规定	1）生育权与社会抚养费 2）未成年人的基本权利与家庭保护 3）妇女权益受损的法律救济 4）老年人的家庭赡养与扶养 5）婚前保健与孕产期保健 6）残疾人的家庭扶养与社会保障	（1）方法：讲授法、案例教学法 （2）重点与难点：未成年人的基本权利与家庭保护	2
课堂学时合计						90

附录2 三级／高级职业技能培训要求与课程规范对照表

职业功能模块（模块）	2.1.2 三级／高级职业技能培训要求			2.2.2 三级／高级职业技能培训课程规范			
	培训内容（课程）	技能目标	培训细目	学习单元	课程内容	培训建议	课堂学时
1. 恋爱择偶咨询	1-1 恋爱观咨询	1-1-1 能认识自我	(1) 了解和评估求助者的自我和性格特点 (2) 帮助求助者分析择偶中的性别期望	(1) 认识自我与社会性别	1) 认识自我 2) 认识社会性别	(1) 方法：讲授法、案例教学法 (2) 重点与难点：自我的建构	5
		1-1-2 能进行择偶匹配	(1) 帮助求助者了解婚恋观念 (2) 与求助者讨论相匹配的择偶建议	(2) 了解婚恋观念的类型	1) 认识择偶观念 2) 认识择偶观念的类型	(1) 方法：讲授法、案例教学法 (2) 重点与难点：认识择偶观念的类型	5
	1-2 恋爱关系咨询	1-2-1 能了解恋爱关系	(1) 恋爱关系评估 (2) 恋爱中的自我表达与沟通	(1) 理解恋爱关系的类型	1) 认知恋爱关系 2) 认知恋爱关系类型	(1) 方法：讲授法、案例教学法 (2) 重点与难点：认知恋爱关系	5
		1-2-2 能解决恋爱中遇到的难题	(1) 拒绝与分手 (2) 恋爱纠纷 (3) 婚前暴力 (4) 同居	(2) 学习建立和发展稳定的恋爱关系	1) 学习真诚地表达自我（学会拒绝） 2) 学会恋爱中的谈判 3) 增进恋爱关系的技巧	(1) 方法：讲授法、案例教学法 (2) 重点与难点：增进恋爱关系的技巧	10
	1-3 婚前咨询	能指导婚前准备	(1) 辅导求助者进行未来生活计划 (2) 辅导求助者进行生育计划 (3) 辅导求助者进行婚前财产管理	为良好的婚姻生活做准备	1) 婚前心理准备 2) 新婚性知识 3) 夫妻财产约定知识	(1) 方法：讲授法、案例教学法 (2) 重点与难点：夫妻财产约定知识	5
2. 夫妻关系咨询	2-1 夫妻关系调适	2-1-1 能了解夫妻关系，并帮助求助者建立包容和支持型的夫妻关系	(1) 对求助者的夫妻关系进行评估 (2) 夫妻关系的类型 (3) 建立良好夫妻关系的原则	(1) 夫妻关系问题初步诊断	1) 建立良好夫妻关系的原则 2) 夫妻关系的类型 3) 各类型夫妻关系的心理需求	(1) 方法：讲授法、案例教学法 (2) 重点与难点：夫妻关系的类型	6

续表

职业功能模块（模块）	2.1.2 三级/高级职业技能培训要求			2.2.2 三级/高级职业技能培训课程规范			课堂学时
	培训内容（课程）	技能目标	培训细目	学习单元	课程内容	培训建议	
2.夫妻关系咨询	2-1 夫妻关系调适	2-1-2 能通过学习家庭生活周期理论，掌握不同阶段的夫妻关系特点	(1) 家庭生命周期的概念 (2) 依据家庭生命周期的不同阶段特点调适夫妻关系	(2) 家庭生命周期不同阶段的夫妻关系特点	1) 家庭系统 2) 家庭生命周期 3) 家庭生命周期的不同阶段夫妻关系的特点与处理原则 4) 夫妻沟通的艺术	(1) 方法：讲授法、案例教学法 (2) 重点与难点：家庭生命周期不同阶段夫妻关系的特点与处理原则	10
	2-2 工作与家庭的平衡	2-2-1 能协调工作与家庭的关系	(1) 处理好夫妻之间工作和家庭的关系 (2) 指导夫妻对休闲和运动时间的合理安排	(1) 指导建立良好工作和家庭平衡的方法	1) 理解工作和家庭的关系 2) 建立家庭支持系统	(1) 方法：讲授法、案例教学法 (2) 重点与难点：建立家庭支持系统	4
		2-2-2 能指导夫妻进行短期和长期规划	(1) 指导夫妻进行短期和长期规划 (2) 指导夫妻处理好照顾老人与孩子的关系	(2) 家务劳动分工	1) 夫妻合理分工 2) 指导丈夫承担家务劳动	(1) 方法：讲授法、案例教学法、实训法、角色扮演法 (2) 重点与难点：夫妻合理分工	4
	2-3 夫妻关系问题咨询	2-3-1 能进行家庭暴力咨询	(1) 对家庭暴力进行评估 (2) 寻找家庭暴力产生的原因 (3) 制止家庭暴力的方法	(1) 反对任何形式的家庭暴力	1) 家庭暴力的类型 2) 家庭暴力的评估 3) 家庭暴力产生的原因 4) 反家庭暴力的法律知识	(1) 方法：讲授法、案例教学法、角色扮演法 (2) 重点与难点：家庭暴力产生的原因	10
		2-3-2 能进行婚外恋咨询	(1) 婚内夫妻情感评估 (2) 寻找婚外恋产生的原因 (3) 离婚	(2) 婚内情感变化	1) 认识夫妻情感变化的机制与类型 2) 评估夫妻情感关系 3) 离婚的情感、心理与法律准备	(1) 方法：讲授法、案例教学法、角色扮演法 (2) 重点与难点：评估夫妻情感关系	16

续表

2.1.2 三级/高级职业技能培训要求				2.2.2 三级/高级职业技能培训课程规范			
职业功能模块（模块）	培训内容（课程）	技能目标	培训细目	学习单元	课程内容	培训建议	课堂学时
3.亲子关系咨询	3-1 家庭教育咨询	3-1-1 能掌握家风与家长责任	(1) 家风 (2) 家风与家庭的社会化功能	(1) 教子责任	1) 儿童成长规律 2) 生命周期与社会化 3) 家风与儿童成长的关系	(1) 方法：讲授法、案例教学法、情景表演法 (2) 重点与难点：家风与儿童成长的关系	4
		3-1-2 能评估求助者亲子关系问题	(1) 亲子关系的类型 (2) 亲子关系评估 (3) 亲子关系类型对子女发展的影响	(2) 亲子关系的类型	1) 评估亲子关系类型 2) 不同亲子关系类型与儿童成长的关系	(1) 方法：讲授法、案例教学法、情景表演法 (2) 重点与难点：评估亲子关系类型	8
		3-1-3 能掌握儿童发展阶段与学习内驱力	(1) 儿童发展阶段的概念与理论 (2) 有利于亲子关系良性发展的教育方式 (3) 阻碍亲子关系良性发展的教育方式	(3) 儿童发展阶段	1) 不同阶段儿童发展的特点 2) 亲子关系中的权力关系	(1) 方法：讲授法、案例教学法、情景表演法 (2) 重点与难点：亲子关系中的权力关系	8
		3-1-4 能进行二孩养育的咨询	(1) 独生子女的问题 (2) 多子女家庭的类型 (3) 多子女家庭常见问题	(4) 独生女子与子女出生顺序的养育问题	1) 子女出生顺序面对的养育问题 2) 优势积累的视角	(1) 方法：讲授法、案例教学法、情景表演法 (2) 重点与难点：优势积累的视角	2
	3-2 青春期亲子关系咨询	3-2-1 能掌握青春期亲子关系的基本特点	(1) 青春期的基本知识 (2) 亲子沟通与信任	(1) 青春期亲子关系	1) 青春期危机与逆反 2) 成人感 3) 青春期性教育	(1) 方法：讲授法、案例教学法、情景表演法 (2) 重点与难点：青春期危机与逆反	8
		3-2-2 能评估青春期青少年的问题	(1) 青春期常见的亲子问题 (2) 理解代际间权力关系 (3) 代际间沟通技巧	(2) 青春期常见亲子关系问题	1) 独立与控制 2) 生命教育 3) 同辈群体关系 4) 师生关系	(1) 方法：讲授法、案例教学法、角色扮演法 (2) 重点与难点：独立与控制	8

续表

2.1.2 三级/高级职业技能培训要求				2.2.2 三级/高级职业技能培训课程规范			
职业功能模块（模块）	培训内容（课程）	技能目标	培训细目	学习单元	课程内容	培训建议	课堂学时
3.亲子关系咨询	3-3 亲子沟通问题咨询	3-3-1 能进行有关孩子学习问题的咨询	(1) 评估求助者对子女学习问题的归因 (2) 自主学习能力的培养	(1) 自主学习能力的培养	1) 评估孩子的学习问题 2) 学习困难与厌学、拒学 3) 家校合作 4) 关注校园暴力	(1) 方法：讲授法、案例教学法、角色扮演法 (2) 重点与难点：评估孩子的学习问题	4
		3-3-2 能进行有关游戏/手机依赖的咨询	(1) 评估孩子游戏/手机依赖的原因 (2) 计划亲子共处时间 (3) 自控力的培养	(2) 理解亲子关系中的陪伴	1) 儿童各种上瘾问题 2) 有效陪伴 3) 规则的建立与执行 4) 自控力与学习兴趣的培养	(1) 方法：讲授法、案例教学法、角色扮演法 (2) 重点与难点：有效陪伴	2
		3-3-3 能进行夫妻关系紧张、离婚与亲子关系咨询	(1) 夫妻关系紧张/离婚产生的亲子问题 (2) 单亲家庭的亲子关系建设	(3) 夫妻关系与亲子关系的相互影响	1) 父母责任 2) 儿童利益优先原则	(1) 方法：讲授法、情景表演法 (2) 重点与难点：父母责任	2
4.其他家庭成员的关系咨询	4-1 姻亲关系咨询	能进行姻亲关系咨询	(1) 对求助者婆媳关系、翁婿关系中的情感冲突、经济纠纷、权力分配等问题进行评估 (2) 对求助者的婆媳关系、翁婿关系进行调解和干预	亲属关系网络	1) 婆媳关系处理原则与技巧 2) 翁婿关系处理原则与技巧	(1) 方法：讲授法、情景表演法 (2) 重点与难点：婆媳关系处理原则与技巧	2
	4-2 祖孙关系咨询	能协助祖孙关系的代际间互动	(1) 理解主干家庭模式 (2) 隔代抚育问题 (3) 赡养问题	祖孙关系的代际联系	1) 主干家庭中的支持关系 2) 隔代抚育的优势与潜在问题 3) 老人赡养与护理	(1) 方法：讲授法、情景表演法 (2) 重点与难点：主干家庭中的支持关系、隔代抚育的优势与潜在问题	2
课堂学时合计							130

附录3 二级/技师职业技能培训要求与课程规范对照表

2.1.3 二级/技师职业技能培训要求				2.2.3 二级/技师职业技能培训课程规范			
职业功能模块（模块）	培训内容（课程）	技能目标	培训细目	学习单元	课程内容	培训建议	课堂学时
1. 恋爱择偶咨询	1-1 恋爱咨询	1-1-1 能解决恋爱中的自我认知	（1）自我认知的心理学理论（2）自我认知的社会学理论（3）恋爱互动实践	（1）亲密关系的自我认知	1）男女平等的认知	（1）方法：讲授法、案例教学法（2）重点与难点：男女平等的认知	8
					2）家庭发展中的个体化理论		
					3）理解原生家庭在恋爱中的作用		
		1-1-2 能处理恋爱中的矛盾与冲突	（1）恋爱中的沟通（2）恋爱中增进沟通的技巧（3）处理恋爱矛盾与冲突的技巧	（2）亲密关系的冲突与暴力	1）增进沟通的技巧	（1）方法：讲授法、案例教学法（2）重点与难点：增进沟通的技巧	8
					2）爱情中的性行为		
					3）恋爱中的暴力与熟人强奸		
		1-1-3 能处理恋爱中的挫折问题	（1）失恋的调适（2）恐婚的应对	（3）面对爱情中的挫折	1）失恋的原因分析与处理	（1）方法：讲授法、案例教学法（2）重点与难点：失恋的原因分析与处理	8
					2）恐婚的辅导		
		1-1-4 能进行婚前辅导	（1）婚前辅导的方案设计（2）婚前辅导的方案实施	（4）婚前辅导课程的设计与实施	1）婚前辅导简介	（1）方法：讲授法、案例教学法、情景表演法（2）重点与难点：婚前辅导的设计与实施	8
					2）婚前辅导的设计与实施		
					3）婚前辅导课程的效果评估		
	1-2 再婚择偶咨询	能解决再婚择偶的心理问题	（1）再婚择偶的心理障碍（2）消除再婚心理障碍的方法	再婚择偶辅导	1）再婚择偶的心理辅导	（1）方法：讲授法、案例教学法（2）重点与难点：再婚择偶的心理辅导	8
					2）再婚择偶的法律问题		

续表

2.1.3 二级/技师职业技能培训要求				2.2.3 二级/技师职业技能培训课程规范			
职业功能模块（模块）	培训内容（课程）	技能目标	培训细目	学习单元	课程内容	培训建议	课堂学时
2. 夫妻关系咨询	2-1 生育咨询	2-1-1 能了解生育焦虑，并给予针对性指导	(1) 生育焦虑者的类型 (2) 指导生育焦虑者的技巧	(1) 生育焦虑	1) 生育焦虑的类型 2) 生育焦虑的咨询与指导技术 3) 不孕不育者的心理辅导	(1) 方法：讲授法、案例教学法 (2) 重点：生育焦虑的类型 (3) 难点：生育焦虑的咨询与指导技术	4
		2-1-2 能进行夫妻生育后的角色变化与辅导	(1) 理解生育后夫妻角色的变化 (2) 指导生育后夫妻关系的调适	(2) 生育后家庭角色的变化与调适	1) 生育后夫妻角色的认知改变 2) 生育后夫妻行为的改变 3) 生育后夫妻关系冲突咨询	(1) 方法：讲授法、案例教学法、讨论法 (2) 重点：生育后夫妻关系冲突咨询 (3) 难点：生育后夫妻行为的改变	4
	2-2 夫妻家庭关系调适	2-2-1 能掌握家庭关系的系统理论，洞察夫妻关系问题渊源	(1) 掌握家庭关系系统理论 (2) 用家庭关系系统理论分析夫妻关系问题	(1) 家庭关系理论流派	1) 家庭关系系统理论 2) 萨提亚的家庭咨询理论	(1) 方法：讲授法、案例教学法、讨论法 (2) 重点与难点：萨提亚的家庭咨询理论	8
		2-2-2 能分析夫妻关系冲突原因并进行辅导	(1) 分析夫妻关系冲突的原因 (2) 对夫妻关系冲突进行咨询辅导	(2) 夫妻关系冲突与调适	1) 冲突的类型与原因 2) 化解夫妻冲突的方法 3) 夫妻冲突咨询要点	(1) 方法：讲授法、案例教学法、角色扮演法 (2) 重点：化解夫妻冲突的方法 (3) 难点：夫妻冲突咨询要点	8
		2-2-3 能指导夫妻处理压力与紧张	(1) 有效指导夫妻处理压力与紧张 (2) 区分工作-家庭冲突类型和辅导	(3) 处理工作-家庭的角色冲突	1) 处理压力与紧张 2) 平衡工作-家庭冲突的策略	(1) 方法：讲授法、案例教学法 (2) 重点与难点：处理压力与紧张	4

续表

2.1.3 二级／技师职业技能培训要求				2.2.3 二级／技师职业技能培训课程规范			
职业功能模块（模块）	培训内容（课程）	技能目标	培训细目	学习单元	课程内容	培训建议	课堂学时
2. 夫妻关系咨询	2-2 夫妻家庭关系调适	2-2-4 能了解空巢家庭面临的问题并进行辅导	(1) 空巢夫妻的类型 (2) 空巢夫妻进行心理行为调适	(4) 空巢问题与调适技术	1) 空巢家庭的特征 2) 空巢家庭心理问题分析 3) 空巢家庭生活的调适	(1) 方法：讲授法、案例教学法 (2) 重点与难点：空巢家庭生活的调适，空巢家庭心理问题分析	4
	2-3 婚姻变故咨询	2-3-1 能分析婚变的类型与原因	(1) 觉察求助者婚姻关系破裂过程 (2) 对婚姻关系破裂原因进行具体分析	(1) 婚变类型与原因分析	1) 婚变的含义及其表现形式 2) 婚姻关系破裂的征兆与发展变化过程 3) 婚姻危机原因分析	(1) 方法：讲授法、案例教学法 (2) 重点与难点：婚姻关系破裂的发展过程，婚姻危机原因分析	12
		2-3-2 能指导求助者预防与挽救婚姻关系	(1) 对预防婚姻破裂进行指导 (2) 对关系濒临破裂的夫妻进行指导	(2) 预防与挽救婚姻关系的方法	1) 预防婚姻破裂的策略 2) 挽救婚姻关系的方法	(1) 方法：讲授法、案例教学法 (2) 重点与难点：预防婚姻破裂的策略	12
3. 亲子关系咨询	3-1 家庭教育咨询	3-1-1 能分析教养行为模式与儿童发展状况的关系	(1) 识别不同教养行为类型 (2) 掌握教养方式差异对儿童发展的影响	(1) 教养行为与儿童发展	1) 权威型教养 2) 专制型教养 3) 放任型教养 4) 忽视型教养	(1) 方法：讲授法、案例教学法、角色扮演法 (2) 重点与难点：四种教养行为与儿童发展的关系	4
		3-1-2 能与求助者深入探索父母的教养方式的渊源，寻找干预方法	(1) 探索父母对子女发展的影响 (2) 应用访谈技术深入探索父母原生家庭的影响 (3) 对父母不良教养行为的策略性干预	(2) 影响父母教养方式的因素与干预	1) 父母对儿童和青少年发展的影响 2) 父母自身的影响 3) 儿童发展阶段的因素 4) 不良教育行为的干预与治疗	(1) 方法：讲授法、案例教学法、角色扮演法 (2) 重点与难点：父母对儿童和青少年发展的影响	8

附录

续表

2.1.3 二级/技师职业技能培训要求					2.2.3 二级/技师职业技能培训课程规范			
职业功能模块（模块）	培训内容（课程）	技能目标	培训细目	学习单元	课程内容	培训建议	课堂学时
3.亲子关系咨询	3-2 亲子沟通咨询	3-2-1 能辨识求助者亲子沟通的类型	（1）亲子沟通的类型与存在的问题 （2）沟通技巧的应用	（1）建立良好的亲子沟通	1）界定沟通障碍的类型 2）一致型沟通姿态	（1）方法：讲授法、案例教学法、角色扮演法 （2）重点与难点：一致型沟通姿态	8
		3-2-2 能帮助求助者制定亲子沟通的解决方案并实施	（1）制定亲子沟通的解决方案 （2）对亲子沟通解决方案实施效果的评估	（2）个性化亲子沟通解决方案	1）明确需求 2）建立可行性解决方案 3）跟踪评估解决方案效果	（1）方法：讲授法、案例教学法、角色扮演法 （2）重点与难点：建立可行性解决方案	8
		3-2-3 能进行常见亲子关系问题的咨询与干预	（1）系统式家庭咨询的工作方法 （2）常见的几种亲子关系问题的家庭咨询方法	（3）常见亲子关系问题咨询与干预	1）厌学/拒学的家庭咨询 2）网络成瘾问题的家庭咨询 3）青春期叛逆的家庭咨询 4）有家庭暴力或家庭虐待的家庭咨询 5）单亲家庭亲子关系的家庭咨询 6）父母婚姻关系导致亲子冲突的家庭咨询 7）重组家庭亲子关系（或继子女亲子关系）的家庭咨询	（1）方法：讲授法、讨论法、演示法、案例教学法、角色扮演法 （2）重点与难点：青春期叛逆的家庭咨询，有家庭暴力或家庭虐待的家庭咨询，父母婚姻关系导致亲子冲突的家庭咨询	8
4.家庭危机咨询	4-1 识别家庭危机	能识别家庭危机	（1）识别危机 （2）区分危机干预与一般咨询	与家庭危机相关的概念与分类	1）危机 2）危机反应 3）家庭常见危机 4）危机干预	（1）方法：讲授法、案例教学法 （2）重点与难点：危机反应与危机干预	4

二级/技师职业技能培训要求与课程规范对照表

续表

2.1.3 二级/技师职业技能培训要求				2.2.3 二级/技师职业技能培训课程规范			
职业功能模块（模块）	培训内容（课程）	技能目标	培训细目	学习单元	课程内容	培训建议	课堂学时
4. 家庭危机咨询	4-2 家庭危机干预基本模型与方法	能整合运用危机干预的主要模型	（1）危机干预的不同模型 （2）整合运用各个模型	危机干预的主要模型	1）危机干预的各种理论与模型 2）危机干预的实践经验总结 3）建立危机干预的支持系统	（1）方法：讨论法、讲授法、案例教学法 （2）重点与难点：危机干预的各种理论与模型	8
	4-3 家庭危机干预实务	4-3-1 能对因产后抑郁及产后家庭冲突升级导致的危机干预	（1）识别产后抑郁及产后家庭关系变化 （2）掌握因产后抑郁及产后家庭冲突升级导致危机的干预模型与方法	（1）对因产后抑郁及产后家庭冲突升级导致的家庭危机进行干预	1）产后家庭关系变化 2）产后抑郁的危险因素与保护因素 3）对产后抑郁及产后家庭冲突升级的干预	（1）方法：讨论法、讲授法、案例教学法 （2）重点与难点：产后抑郁的危险因素和保护因素	8
		4-3-2 能对孩子厌学问题进行家庭干预	（1）厌学分类及影响因素 （2）干预孩子厌学家庭的模型与方法	（2）对孩子厌学的家庭的干预	1）厌学相关的知识 2）对孩子厌学家庭干预的模型与方法	（1）方法：讨论法、讲授法、案例教学法 （2）重点与难点：对孩子厌学家庭干预的模型与方法	8
5. 培训与指导	5-1 培训	5-1-1 能正确处理婚姻家庭咨询、培训、督导、研究中的伦理问题	（1）处理婚姻家庭咨询中的伦理问题 （2）处理婚姻家庭咨询培训和督导中的伦理问题 （3）正确处理婚姻家庭咨询测评中的伦理问题	（1）婚姻家庭咨询、培训、督导中常见的伦理问题	1）婚姻家庭咨询中常见的伦理问题 2）婚姻家庭培训、督导中常见的伦理问题	（1）方法：讲授法、案例教学法 （2）重点：隐私、保密及其突破保密原则的职业责任 （3）难点：加强自己的专业能力和伦理意识	4
				（2）婚姻家庭咨询测评中常见的伦理问题	婚姻家庭咨询测评中常见的伦理问题	（1）方法：讲授法、角色扮演法、案例教学法 （2）重点与难点：婚姻家庭咨询测评中常见的伦理问题	2

续表

	2.1.3 二级/技师职业技能培训要求			2.2.3 二级/技师职业技能培训课程规范			
职业功能模块（模块）	培训内容（课程）	技能目标	培训细目	学习单元	课程内容	培训建议	课堂学时
5. 培训与指导	5-1 培训	5-1-2 能熟练掌握婚姻家庭咨询的基本流程和基本技能	（1）会谈前做好充分准备 （2）具有评估求助者咨询婚姻家庭问题的重点内容 （3）基本的咨询技巧 （4）咨询结束后的总结与评估	（3）确定婚姻家庭咨询的重点及技巧	1）会谈前的准备 2）确定婚姻家庭咨询的重点 3）婚姻家庭咨询的技巧 4）咨询后的总结与评估	（1）方法：讲授法、角色扮演法、案例教学法 （2）重点与难点：婚姻家庭咨询的技巧	4
		5-1-3 能承担婚姻家庭咨询师的角色和任务	（1）成为沟通者 （2）成为催化者 （3）成为帮助者	（4）咨询师的角色	1）作为沟通者 2）作为催化者 3）作为帮助者	（1）方法：讲授法、案例教学法、角色扮演法 （2）重点与难点：作为催化者、帮助者	2
	5-2 指导	5-2-1 能指导三级/高级婚姻家庭咨询师制定咨询计划与方案	（1）帮助三级/高级婚姻家庭咨询师掌握婚姻家庭咨询计划的制定方法 （2）帮助三级/高级婚姻家庭咨询师掌握婚姻家庭咨询方案的制定方法	（1）婚姻家庭咨询计划与方案的内容和制定	1）婚姻家庭咨询计划与方案的内容 2）婚姻家庭咨询计划与方案的制定	（1）方法：讲授法、情景表演法、案例教学法、角色扮演法 （2）重点与难点：婚姻家庭咨询计划与方案的制定	4
		5-2-2 能对三级/高级婚姻家庭咨询师进行专业指导	（1）了解三级/高级婚姻家庭咨询师在工作中容易出现的问题 （2）对三级/高级婚姻家庭咨询师进行专业指导	（2）三级/高级婚姻家庭咨询师在工作中的问题与专业指导	1）三级/高级婚姻家庭咨询师容易出现的问题 2）对三级/高级婚姻家庭咨询师进行专业指导	（1）方法：讲授法、情景表演法、案例教学法、角色扮演法 （2）重点与难点：对三级/高级婚姻家庭咨询师进行专业督导	4
课堂学时合计							180

附录4 一级/高级技师职业技能培训要求与课程规范对照表

2.1.4 一级/高级技师职业技能培训要求				2.2.4 一级/高级技师职业技能培训课程规范			
职业功能模块（模块）	培训内容（课程）	技能目标	培训细目	学习单元	课程内容	培训建议	课堂学时
1. 恋爱择偶咨询	评估求助者的认知	能评估求助者的认知问题	(1) 自我认同 (2) 关系中的自我认知障碍	了解自我	1) 了解自我 2) 刻板印象 3) 互动关系与自我认知	(1) 方法：讲授法、案例教学法 (2) 重点与难点：自我认同危机、打破刻板印象	5
2. 夫妻关系咨询	2-1 婚姻问题咨询	2-1-1 能进行婚外情问题咨询	(1) 评估夫妻关系 (2) 指导夫妻关系调适 (3) 婚外情的心理因素分析	(1) 婚外情问题咨询理论与技术	1) 夫妻关系评估的理论与技巧 2) 婚外情问题产生的原因分析 3) 婚外情问题咨询的技巧	(1) 方法：讲授法、案例教学法 (2) 重点：婚外情问题产生的原因分析 (3) 难点：婚外情问题咨询的技巧	6
		2-1-2 能进行夫妻性关系咨询	(1) 评估夫妻性关系问题 (2) 能够指导性欲障碍者的心理调适	(2) 性欲障碍及其调适方法	1) 夫妻性欲障碍分类 2) 性欲障碍调适方法	(1) 方法：讲授法、案例教学法 (2) 重点与难点：性欲障碍调适方法	6
		2-1-3 能深刻理解人格障碍对婚姻关系的影响，并给予针对性指导	(1) 掌握人格障碍的界定 (2) 根据不同人格障碍类型对夫妻关系进行咨询指导	(3) 人格障碍与婚姻关系调适方法	1) 人格障碍的界定 2) 人格障碍类型及其对婚姻关系的影响与调适方法	(1) 方法：讲授法、案例教学法 (2) 重点与难点：人格障碍类型及其对婚姻关系的影响与调适方法	6
		2-1-4 能对抑郁症患者的婚姻家庭关系进行咨询	(1) 理解抑郁症患者及其家庭关系 (2) 指导抑郁症家庭进行调适与康复	(4) 抑郁症家庭的关系调适与康复	1) 抑郁症患者的社会行为 2) 抑郁症与婚姻家庭关系 3) 抑郁症患者的家庭康复	(1) 方法：讲授法、案例教学法 (2) 重点：抑郁症与婚姻家庭关系 (3) 难点：抑郁症患者的家庭康复	4
	2-2 离婚后心理咨询	能指导离婚后的调适	(1) 分析离婚后的常见心理问题 (2) 离婚后的调适咨询	离婚后调适	1) 离婚后的心理变化与常见心理问题 2) 离婚后的心理调适 3) 开启新生活	(1) 方法：讲授法、案例教学法 (2) 重点与难点：离婚后的心理变化与常见心理问题，离婚后的心理调适	4

续表

2.1.4 一级/高级技师职业技能培训要求				2.2.4 一级/高级技师职业技能培训课程规范			
职业功能模块（模块）	培训内容（课程）	技能目标	培训细目	学习单元	课程内容	培训建议	课堂学时
2. 夫妻关系咨询	2-3 再婚关系咨询	能进行再婚关系指导	（1）指导再婚者做好再婚准备 （2）指导再婚者有效处理多元家庭关系	再婚家庭关系处理	1）再婚准备 2）再婚家庭关系调适 3）再婚家庭关系处理技巧	（1）方法：讲授法、案例教学法、角色扮演法 （2）重点：多元关系处理 （3）难点：为婚姻重新定位与再婚准备	4
	2-4 婚姻家庭问题咨询与辅导方法	2-4-1 能处理婚姻问题个案	（1）个案工作方法的原则 （2）个案工作方法的技巧	（1）婚姻家庭问题个案工作法	1）个案辅导前的准备工作 2）个案工作法效果评估	（1）方法：讲授法、案例教学法 （2）重点与难点：个案工作法效果评估	4
		2-4-2 能进行婚姻家庭问题的团体辅导	（1）为婚姻问题团体辅导做有效准备 （2）婚姻问题团体辅导的技术 （3）恰当运用婚姻家庭问题的团体辅导方法	（2）婚姻问题团体辅导的方法	1）婚姻问题团体辅导的方法 2）婚姻问题团体辅导的技术	（1）方法：讲授法、案例教学法 （2）重点与难点：婚姻问题团体辅导的方法	8
		2-4-3 能进行婚姻家庭问题的家庭治疗	（1）家庭治疗的基本理论 （2）家庭治疗的基本方法	（3）家庭治疗的基本理论与方法	1）改善家庭成员间的沟通模式 2）改善家庭成员间的关系 3）改善青少年问题的家庭治疗模式	（1）方法：讲授法、案例教学法、实训法 （2）重点与难点：改善青少年问题的家庭治疗模式	4
3. 家庭危机咨询与干预	3-1 危机的类型评估	能区分危机的类型	（1）区分与危机相关的易混概念 （2）各类危机的特点与干预重点	与危机相关的概念辨析	1）各类危机概念与差异 2）创伤后应激障碍	（1）方法：讲授法、案例教学法 （2）重点与难点：各类危机概念与差异	1
	3-2 家庭危机评估	3-2-1 能对家庭中的常见危机进行干预和评估	（1）家庭常见危机的评估 （2）家庭常见危机评估的因素	（1）家庭危机评估	1）家庭常见危机评估的因素 2）家庭常见危机评估量表	（1）方法：讨论法、讲授法、案例教学法 （2）重点与难点：家庭常见危机的评估	2

续表

2.1.4 一级/高级技师职业技能培训要求				2.2.4 一级/高级技师职业技能培训课程规范			
职业功能模块（模块）	培训内容（课程）	技能目标	培训细目	学习单元	课程内容	培训建议	课堂学时
3. 家庭危机咨询与干预	3-2 家庭危机评估	3-2-2 能进行家庭危机干预与效果评估	(1) 明确家庭危机干预的方法 (2) 掌握家庭危机干预效果与评估	(2) 家庭危机干预效果评估	1) 家庭危机干预 2) 家庭危机干预效果评估	(1) 方法：讨论法、讲授法、案例教学法 (2) 重点与难点：对家庭危机干预效果评估	1
	3-3 与生命事件相关的家庭咨询	3-3-1 能进行自杀干预	(1) 对成员具有自杀倾向的家庭进行评估 (2) 干预 (3) 进一步干预的转移	(1) 对存在致死危机的家庭进行干预	1) 与自杀有关的知识 2) 对有致死性危机的家庭进行干预的方法	(1) 方法：讨论法、讲授法、案例教学法 (2) 重点与难点：对有致死性危机的家庭进行干预的方法	6
		3-3-2 能对成员突然死亡的家庭进行干预	(1) 干预配偶突然死亡的家庭 (2) 干预子女突然死亡的家庭 (3) 干预儿童父母突然死亡的家庭	(2) 对存在成员突然死亡的家庭进行干预	1) 与丧失有关的知识 2) 对不同类型丧失的家庭的干预方法	(1) 方法：讨论法、讲授法、案例教学法 (2) 重点与难点：对不同类型丧失的家庭的干预方法	6
		3-3-3 能对存在暴力的家庭进行干预	(1) 干预伴侣暴力中的施虐者 (2) 干预伴侣暴力中的受虐者 (3) 干预目睹伴侣暴力的儿童	(3) 对存在伴侣暴力的家庭进行干预	1) 与伴侣暴力相关的知识 ①伴侣暴力的概念 ②伴侣暴力的发生率 ③暴力关系中施虐者与受虐者的特征 2) 对家庭中的伴侣暴力进行干预的方法 ①对施虐者的干预 ②对受虐者的干预 ③对儿童的干预	(1) 方法：讨论法、讲授法、案例教学法 (2) 重点与难点：对家庭中的伴侣暴力进行干预的方法	6

续表

2.1.4 一级/高级技师职业技能培训要求				2.2.4 一级/高级技师职业技能培训课程规范			
职业功能模块（模块）	培训内容（课程）	技能目标	培训细目	学习单元	课程内容	培训建议	课堂学时
3. 家庭危机咨询与干预	3-3 与生命事件相关的家庭咨询	3-3-4 能对存在儿童性虐待的家庭进行干预	（1）干预遭受性虐待的儿童 （2）干预儿童期遭受过性虐待的成人	（4）对存在儿童性虐待的家庭进行干预	1）与儿童性虐待相关的知识 2）对存在儿童性虐待的家庭进行干预的方法	（1）方法：讨论法、讲授法、案例教学法 （2）重点与难点：对存在儿童性虐待的家庭进行干预的方法	6
		3-3-5 能对罪犯家庭进行干预	（1）调适罪犯与父母关系 （2）调适罪犯与子女关系 （3）调适罪犯的婚姻关系	（5）对罪犯家庭进行干预	1）犯罪与家庭的关系 2）对罪犯家庭的干预方法	（1）方法：讨论法、讲授法、案例教学法 （2）重点与难点：对罪犯家庭的干预方法	6
4. 培训与指导	4-1 培训	4-1-1 能处理婚姻家庭咨询中的伦理问题	（1）处理文化与价值观冲突问题 （2）处理危机个案中的伦理问题	（1）文化与价值观冲突与职业伦理	1）文化与价值观冲突 2）关系处理中的伦理议题	（1）方法：讲授法、案例教学法、角色扮演法 （2）重点与难点：关系处理中的伦理议题	2
				（2）网络咨询的原则	1）网络咨询的伦理问题 2）伦理问题处理	（1）方法：讲授法、案例教学法、角色扮演法 （2）重点与难点：伦理问题处理	4
		4-1-2 能掌握各流派婚姻家庭咨询的理论与方法	（1）系统式婚姻家庭咨询的技术 （2）结构式婚姻家庭咨询的技术	（3）系统式、结构式婚姻家庭咨询的技术	1）系统式婚姻家庭咨询的技术 ①过程质问 ②关系实验 ③去三角化 ④训练 ⑤以第三人称分享 ⑥故事置换 2）结构式婚姻家庭咨询的技术 ①进入家庭 ②评估家庭结构	（1）方法：讲授法、案例教学法、角色扮演法	8

一级／高级技师职业技能培训要求与课程规范对照表

续表

2.1.4 一级／高级技师职业技能培训要求				2.2.4 一级／高级技师职业技能培训课程规范			
职业功能模块（模块）	培训内容（课程）	技能目标	培训细目	学习单元	课程内容	培训建议	课堂学时
4. 培训与指导	4-1 培训	4-1-2 能掌握各流派婚姻家庭咨询的理论与方法	（3）精神分析理论与方法 （4）策略式婚姻家庭咨询理论与方法 （5）经验式婚姻家庭咨询理论与方法	（3）系统式、结构式婚姻家庭咨询的技术	③打破旧的家庭系统平衡 ④家庭的重新建构	（2）重点与难点：结构式婚姻家庭咨询的技术	8
				（4）精神分析、策略、经验式婚姻家庭咨询理论与方法	1）精神分析的婚姻家庭咨询 2）策略式婚姻家庭咨询 3）经验式婚姻家庭咨询	（1）方法：讲授法、案例教学法、角色扮演法 （2）重点与难点：策略式婚姻家庭咨询、经验式婚姻家庭咨询	
		4-1-3 能将婚姻家庭咨询本土化	（1）将婚姻家庭咨询进行文化整合 （2）在婚姻家庭咨询应用过程中进行文化反思	（5）婚姻家庭咨询与中国文化的整合	1）婚姻家庭咨询与中国文化的整合 2）婚姻家庭咨询应用过程的文化反思	（1）方法：讲授法、案例教学法、角色扮演法 （2）重点与难点：婚姻家庭咨询与中国文化的整合	1
	4-2 指导	4-2-1 能对二级/技师、三级/高级婚姻家庭咨询师的自我成长进行指导	（1）指导二级/技师、三级/高级婚姻家庭咨询师的个体成长 （2）指导二级/技师、三级/高级婚姻家庭咨询师的团体成长	（1）婚姻家庭咨询师的个体、团体成长	1）婚姻家庭咨询师的个体成长 2）婚姻家庭咨询师的团体成长	（1）方法：讲授法、案例教学法、角色扮演法 （2）重点与难点：婚姻家庭咨询师的个体成长	1
		4-2-2 能对二级/技师、三级/高级婚姻家庭咨询师的咨询困境进行督导	（1）个体督导 （2）团体督导	（2）个体督导和团体督导	1）个体督导的技能 2）团体督导的技能	（1）方法：讲授法、案例教学法、角色扮演法 （2）重点与难点：团体督导的技能	1
课堂学时合计							110